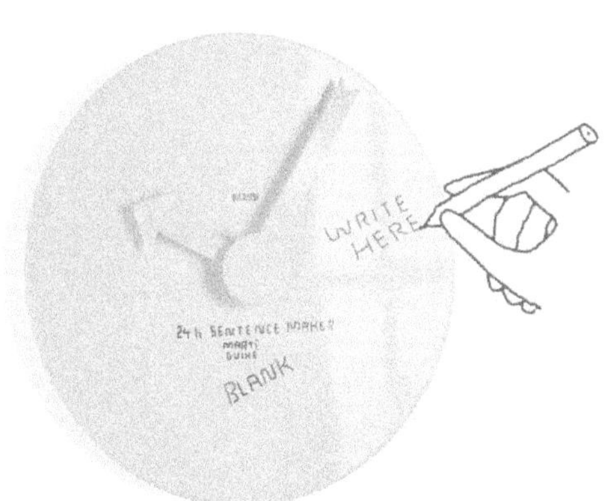
WRITE
HERE
24h SENTENCE MAKER
BLANK

Food Experience
Design e architettura d'interni
di Tiziano Aglieri Rinella

Book design: Romain Citerne

www.postmediabooks.it
ISBN 978-88-7490-121-0

Food Experience

Design e architettura d'interni

Tiziano Aglieri Rinella

postmedia•books

PARTE PRIMA

FOOD EXPERIENCE

PARTE SECONDA

IL PROGETTO DEL RISTORANTE

Questo ortaggio va trattato come la patata. Riferisco qui il modo migliore di prepararlo. Si sbuccia il frutto e lo si taglia, se è lungo nel senso della lunghezza, se è rotondo in quello della larghezza, in fette di quattro millimetri. Lo si sala e lo si impana nella farina, nell'uovo e pane grattugiato. Poi lo si fa cuocere piuttosto a lungo nel burro come una cotoletta. Mi sono accordato con il ristorante vegetariano al n. 8 di Spiegelgasse perché le melanzane vengano preparate in questo modo a colazione per otto giorni a partire dal 15 ottobre.
Adolf Loos, *Das Andere* n.2, Vienna 1903

introduzione

Progettare i luoghi per il consumo del cibo oggi, per un architetto, non significa semplicemente sviluppare la nota tipologia del ristorante (di per sé notevolmente varia) o di altri spazi destinati al consumo collettivo. Nella società odierna in cui i rapporti sociali, ormai resi virtuali in seguito alla rivoluzione digitale, si sono simultaneamente amplificati e rarefatti, anche i ritmi e le abitudini quotidiane dell'uomo, tra cui la necessità primaria di alimentarsi ed il conseguente rapporto col cibo, hanno subito dei mutamenti. Nuovi scenari si aprono all'architettura e al design che, abbandonando la deriva elitaria in cui son sembrati scivolare negli ultimi decenni, inseguendo talvolta mode effimere e subordinandosi al mercato, devono tornare ad occuparsi dei bisogni fondamentali dell'uomo contemporaneo. Gli ultimi anni hanno visto diffondersi un interesse nuovo per il cibo e la qualità dell'alimentazione in generale, con il sorgere di associazioni e aziende specializzate nella valorizzazione culturale, produzione e distribuzione dell'eccellenza gastronomica (slowfood, eataly, ecc.). Contestualmente, si è iniziato a parlare con sempre maggiore insistenza di *food design,* concetto che si è dilatato fino a comprendere l'intera progettazione degli atti alimentari, includendo anche il rapporto con lo spazio in cui l'azione si compie, in un processo di interazione amniotica cibo-uomo-ambiente. Il cibo stesso è diventato oggetto di progettazione, sia da parte degli chef (cui storicamente è affidata la presentazione e l'aspetto formale delle pietanze), sia da parte di designer specializzati in questo nuovo argomento (citiamo per tutti Marti Guixé) sia talvolta vedendo nuove collaborazioni tra chef e designers, per la realizzazione di portate dal *design* innovativo. Attraverso un processo osmotico, i designer sono partiti dal cibo per creare nuovi utensili per il consumo di nuove forme di alimenti, passando poi al disegno dell'intero corredo per la *mise en place* dei tavoli ed estendendo il loro campo d'azione fino a includere l'intera progettazione dell'ambiente in cui il cibo viene consumato. Oggetto di progettazione quindi, è l'intero paradigma legato all'esperienza polisensoriale del consumo del cibo, che si svolge in un determinato *environment* contestuale.

La progettazione degli spazi destinati al consumo collettivo del cibo – semplici ristoranti o nuovi concept sperimentali- è di conseguenza un esercizio interdisciplinare, in cui l'architetto deve coordinare diversi saperi, dando forma ad uno spazio che diverrà parte di una "esperienza coordinata" complessiva. Per tale ragione questo volume affronterà aspetti inerenti scale diverse della loro progettazione, dal particolare al generale e viceversa, con un approccio necessariamente interdisciplinare, indispensabile per comprendere l'esperienza del consumo del cibo nella sua complessità.

La questione disciplinare si pone in particolare nella seconda parte del libro, in cui viene approfondita la tipologia generale del ristorante. In questa sezione saranno illustrati caratteri distributivi ed aspetti tecnici spesso trascurati se non del tutto assenti nei corsi di progettazione all'interno delle facoltà di architettura. Nella pratica generale della progettazione architettonica è infatti fondamentale riappropriarsi della *téchne*, oggi spesso dimenticata dall'accademia in favore di speculazioni teoriche improduttive, con risultati dannosi per la professione. Pertanto, nella seconda parte del libro si è ritenuto opportuno fornire agli studenti e ai professionisti un insieme di strumenti pratici per la progettazione, con tabelle dimensionali e schemi distributivi fondamentali per la progettazione del ristorante, prendendo in considerazione in particolare anche quegli elementi funzionali indispensabili al corretto funzionamento del *back of the house*, spesso trascurati nei corsi di progettazione.

In conclusione, ringrazio tutti i designer, gli architetti, gli chef ed i gestori di ristoranti che mi hanno autorizzato alla pubblicazione delle immagini contenute in questo libro. Ringrazio il mio amico di vecchia data Giancarlo Coffaro, architetto e docente, per la paziente lettura e correzione della prima bozza. Un ringraziamento speciale va infine all'arch. Vittorio Valenti, esperto di Food & Beverage e consulente FCSI (*Foodservice Consultancy Society International:* www.fcsi.org), per i consigli fondamentali nella redazione del difficile ma fondamentale capitolo sulle cucine e il *back of the house* dei locali per la ristorazione.

Eataly Milano Smeraldo, 2014

Moreno Cedroni, finger food, ristorante Anikò, Senigallia

Food, design e architettura

Negli ultimi anni si è fatto largo uso del termine *food design*, secondo una linea di tendenza *mainstream* che ne ha sempre più spesso abusato, talvolta dilatandone o forzandone il significato.

Secondo FOODA[1], Una sua recente definizione semiotica è la "progettazione degli atti alimentari", ovvero il paradigma che l'alimento deve attraversare per essere considerato dall'uomo compiutamente come cibo. Questo implica anche il rapporto con lo spazio in cui l'azione si compie, ed include un processo di interazione cibo-uomo-ambiente.

Se prendiamo in considerazione esclusivamente l'aspetto formale del cibo, questo è stato storicamente pertinenza degli chef o di altri soggetti legati alla produzione alimentare e solo in tempi relativamente recenti è diventato oggetto di interesse da parte dei "designer" propriamente detti, da quando il cibo ha iniziato ad essere prodotto industrialmente "in serie" (in particolar modo dal secondo dopoguerra).

Si pone innanzitutto una distinzione necessaria tra quello che, per comodità potremmo definire semplicemente *food design,* con riferimento al solo aspetto formale della presentazione del cibo e delle pietanze preparate dagli chef, e quello che definiremo invece "*industrial food design*", disegno industriale del cibo (es. cono gelato, Ferrero Rocher, i vari tipi pasta Barilla), che può vedere la collaborazione tra chef e designers, o addirittura può essere oggetto della sola elaborazione creativa di un designer che, in base ad una visione intuitiva della forma di un qualche tipo di cibo o componente commestibile, può inventare nuovi modi di interfacciarsi con esso, rendendo possibili accoppiamenti inediti di ingredienti o utilizzi nuovi di elementi già noti. L'aspetto concernente l'interazione con il cibo è di particolare interesse per le conseguenze spaziali che può generare, nell'interfacciarsi con il consumatore. Nei capitoli successivi illustreremo alcuni esempi significativi di recente sperimentazione, quali: carte da parati commestibili, ristoranti con tavoli interattivi *touchscreen* o "ambienti" gassosi in interni architettonici dove il cibo è assunto per inalazione.

Un ulteriore aspetto di indagine, per il *food designer*, è la distinzione tra il "disegno della portata", cioè la presentazione delle pietanze preparate dagli chef, ed il disegno della forma del singolo componente/ alimento necessario per la preparazione di una portata, come ad esempio una determinata tipologia di pasta (pennette, farfalle, ecc.).

○ Origini del food design

La presentazione delle portate ha subito un'evoluzione estetica, nel corso dei secoli, che presenta alcuni interessanti punti di contatto con la storia dell'architettura. Se in epoca barocca era preponderante un gusto diffuso per una presentazione sfarzosa e pesantemente decorativa delle pietanze, la componente estetica si è evoluta in maniera significativa nel corso degli anni fino ad arrivare alle presentazioni raffinate e minimaliste degli chef stellati contemporanei.

Il *food design* inteso come attenzione alla presentazione ed alla forma del cibo ha origini antichissime, risalenti almeno all'epoca romana. Se fino all'età repubblicana la cucina romana era fondamentalmente semplice sia nella sostanza che nella forma, in età imperiale diventa improvvisamente sofisticata, con una elaborata presentazione delle portate ed una notevole predilezione per l'esotico e il raro (tra le pietanze di questo periodo piatti come cervella di fagiano e lingue di fenicottero). Alla caduta dell'impero seguì un ritorno alla semplicità nella preparazione e presentazione del cibo, che proseguì anche in epoca medioevale. Nel rinascimento ritorna nuovamente l'attenzione alla forma e alla presentazione del cibo. In questo periodo inizia a diffondersi il cosiddetto "servizio alla francese" che consisteva nel servire contemporaneamente tutti i piatti, posti al centro di una grande tavola. L'apparenza e lo sfarzo nell'aspetto delle portate erano fondamentali perché rappresentavano il rango sociale del padrone di casa. Nelle maestose cene della nobiltà, alcuni piatti prevedevano presentazioni particolarmente artificiose: il pavone, dopo essere stato cucinato, veniva rivestito con le sue stesse penne per essere poi esibito a tavola.

La modalità di presentazione delle portate a tavola cambierà a partire dal XVIII secolo, quando in Francia si diffonde il cosiddetto "servizio alla russa" tuttora in voga, in cui i cibi vengono portati a tavola uno per volta, con un preciso ordine. Questa importante innovazione avrà conseguenze rilevanti negli anni successivi, influenzando la configurazione degli spazi destinati al consumo collettivo del cibo. Venendo meno la necessità di avere un'unica grande tavolata capace di ospitare tutte le portate (e i commensali) contemporaneamente, si crea la possibilità di avere nella sala più tavoli separati di dimensioni minori, rendendo possibili nuove disposizioni spaziali e innumerevoli varianti e contribuendo a definire nel corso del tempo le moderne tipologie e i layout delle sale destinate alla ristorazione.

o Food design e *Zeitgeist*

Non sempre la componente formale del cibo ha seguito un iter evolutivo parallelo all'evoluzione del gusto nel campo del design e dell'architettura. Nel caso della pasta, ad esempio, la forma nata dalla lavorazione artigianale è originata principalmente da motivazioni di carattere ergonomico-funzionale. L'estetica della portata, in questo caso, dipende più dall'elaborazione e dal mix delle singole componenti che dalle proprietà estetiche intrinseche alle componenti stesse. Le penne rigate, ad esempio, differiscono da quelle lisce per le sottili scanalature che consentono una migliore aderenza al sugo di pomodoro, mentre quelle lisce prediligono condimenti diversi, a base di olio o altro.

Quando queste forme di pasta, nate dalla lavorazione artigianale, hanno iniziato a essere prodotte in serie in seguito all'industrializzazione del settore alimentare, si sono presentate nuove questioni da affrontare. Pur mostrando punti di contatto riguardo alla dimensione estetica del *food design* nelle sue varie forme (intesa come espressione dello "spirito del tempo"), l'evoluzione formale del cibo si sviluppa in maniera apparentemente autonoma dalla storia dell'architettura e del design.

Tuttavia, un certo interesse per un diverso modo di confrontarsi con l'esperienza del cibo (e di relazionarsi e interfacciarsi con esso) si è avuta anche nella fase della nascita del Movimento Moderno in architettura.

Moreno Cedroni, seppia blu

Van de Velde, nella sua pulsione immanente verso il *Gesamtkunstwerk,* per la sua casa di Uccle aveva progettato dettagliatamente ogni componente dell'arredo e delle suppellettili, fino ai piatti verdi appositamente concepiti per i pomodori rossi[2] ed ai vestiti di Madame van de Velde. Adolf Loos, dalle pagine di *DAS ANDERE,* impartiva lezioni comportamentali di

Moreno Cedroni, ricciola e viola

bon ton a tavola, spiegando ai suoi connazionali come usare le posate (famosa la storia del cucchiaino per il sale). Loos considerava gli austriaci come intenditori della buona cucina (a differenza dei tedeschi) ma gravemente carenti nel comportamento da tenere a tavola, lontano dalla raffinata etichetta del mondo occidentale. Il suo interesse per il cibo è ribadito sulle pagine della sua rivista, dove si spinge anche a dare lezioni di cucina, spiegando come cucinare la melanzana, da poco arrivata nei mercati austriaci e che egli conosceva già dai tempi del suo soggiorno americano[3].

In definitiva, per il maestro austriaco il cibo e l'atto del suo consumo a tavola insieme ad altri, costituivano una condizione estetica fondamentale del mondo occidentale evoluto.

Anche il Bauhaus e movimenti d'avanguardia come il Futurismo, tra le tante questioni affrontate, cercavano nuovi modi di relazionarsi con il cibo. Basti ricordare che Marinetti, nel *Manifesto della Cucina Futurista* aveva predicato l'armonizzazione del *decor* della tavola con i colori e i sapori delle pietanze, auspicando l'abolizione di coltello e forchetta e proponendo nuovi modi di consumo degli alimenti, con un approccio polisensoriale che realizzasse un connubio tra musica, poesia, profumi e cibo.

○ *Industrial food design*

Nel corso del novecento, con la rapida industrializzazione dei processi di produzione alimentare, la forma del cibo e il conseguente rapporto forma-funzione diventano oggetto di interesse e progettazione da parte dell'industrial design.

Viene a delinearsi maggiormente la distinzione tra il *food design* (inteso come attenzione verso la forma del cibo e la sua presentazione, di origini antiche) e l'*industrial food design* (progetto della forma del cibo prodotto in serie dalla moderna industria alimentare)[4]. Nuove forme del cibo rendono possibili nuovi usi e nuovi modi di relazionarsi con esso, consentendo l'invenzione di nuovi prodotti alimentari come, ad esempio, il cono di cialda per il gelato, il ghiacciolo, o nuove forme per alimenti già conosciuti e dalla tradizione antichissima, come la pasta.

In campo alimentare, il passaggio dalla produzione artigianale a quella industriale pone questioni simili a quelle che hanno coinvolto l'industrial design.

Se prima l'aspetto formale del cibo era affidato esclusivamente alla creatività dei cuochi, nell'era della produzione industriale, ormai considerato alla stregua di un prodotto di uso quotidiano, la sua forma può essere determinata anche da esperti di altre discipline, esperti nutrizionisti, ingegneri alimentari e designer che possono creare nuove forme in grado di consentire nuovi usi ed inediti abbinamenti.

Un caso storicamente interessante, che vale la pena citare a titolo di esempio, è la menzionata invenzione del cono gelato. Nel corso del XIX sec. in Europa per servire il gelato erano già usati coni di carta o di metallo, ma è un gelataio italiano residente a New York, Italo Marchioni, a brevettare il cono di cialda commestibile nel 1903. L'invenzione che nacque dall'intuizione di Marchioni rendeva possibile un diverso modo di consumare gelato, che prima veniva servito in bicchieri di vetro e che adesso diventava "da passeggio". La cialda del cono inizia a essere prodotta industrialmente nel 1912 negli Stati Uniti, diffondendosi velocemente. Soltanto nel 1959 però, per opera di un altro italiano, il napoletano Spica, fu inventato un processo che consentisse di conservare i coni gelato congelati, rivestendo l'interno con uno strato di cioccolato, olio e zucchero che rendeva impermeabile

Moreno Cedroni, dedicato a giacomelli

la cialda impendendogli di divenire molle a contatto con il gelato. L'invenzione di Spica fu registrata con il nome di "cornetto", diventando presto uno dei gelati confezionati più diffusi in Italia e all'estero.

Un altro esempio significativo di come il processo d'industrializzazione del settore alimentare abbia contribuito a trasformare le abitudini alimentari in Italia è quello della pasta. La Barilla, storica azienda leader del settore, nel dopoguerra iniziò a produrre industrialmente e a distribuire su tutto il territorio nazionale tipi e forme di pasta inizialmente diffuse prevalentemente solo in alcune regioni italiane (penne, fusilli e ditalini campani, orecchiette pugliesi, tagliatelle emiliane, ecc). L'operato di Barilla contribuì quindi alla formazione di una identità gastronomica nazionale che venne consolidata anche dal fenomeno dell'immigrazione da sud verso nord, particolarmente rilevante in quegli anni.

Nel caso specifico però, il processo inizialmente non interessava la creazione di nuove forme, bensì la messa in produzione seriale di forme già note provenienti dalle tradizioni regionali. Successivamente, la crescita della domanda portò alla creazione di nuove forme di pasta, talvolta studiate accuratamente da designer con progetti complessi e minuziosi. La pasta pertanto, oggetto di consumo quotidiano per gran parte della popolazione italiana (e non solo), è anche un prodotto di *industrial food design*. Un testo interessante che affronta l'argomento è *The Geometry of Pasta*[5], scritto dal graphic designer Caz Hildebrand insieme allo chef londinese Jacob Kenedy. Nel libro, la pasta viene trattata come risultato di un processo progettuale ibrido la cui forma risultante nasce dal connubio tra graphic design e cucina.

Gli esempi riportati dimostrano come la ricerca tecnica, unita allo studio ergonomico della forma, renda possibile la progettazione di forme-alimenti che, proponendo nuove modalità di consumo in abbinamento con altre componenti, riunite in una inedita interfaccia uomo-cibo permettono di inventare nuovi tipi di alimenti, quali ad esempio il *cornetto*. Tale processo di progettazione però, per lungo tempo ed anche nella fase del boom industriale del dopoguerra, è rimasto molto spesso estraneo al mondo dell'industrial design tradizionale. Una storia dell'industrial food design, di conseguenza, andrebbe scritta a partire da un lavoro di ricerca inedito sui tanti inventori di forme del cibo che, negli anni dell'industrializzazione del settore alimentare, hanno concepito i prodotti che oggi abitualmente consumiamo.

Solo in anni recenti, infatti, il mondo dell'industrial design e quello dell'alimentazione si sono considerevolmente avvicinati, vedendo la collaborazione tra chef e designer per la ideazione di nuovi prodotti alimentari.

Nel capitolo successivo, mostreremo come la sinergica collaborazione tra designer, architetti, chef ed operatori del settore alimentare abbia consentito l'ideazione di nuovi concept spaziali per i luoghi di consumo del cibo. Nuovi tipi di alimenti, risultato di un approccio creativo alla reciproca contaminazione tra cibo e design, rendono infatti possibili nuovi modi di consumare il cibo, consentendo esperienze inedite capaci di generare nuovi modelli spaziali e relazionali. Se Ernesto Nathan Rogers voleva progettare "dal cucchiaio alla città", una nuova generazione di designer ed architetti sembra voler partire non più dal cucchiaio, ma direttamente dal cibo.

1. Associazione per il Food Design. Vedi: www.fooda.org

2. In Dario Russo, *Schizzo fluido. Ondulazioni del design, in Ágalma, rivista di studi culturali e di estetica,* N. 12 Settembre 2006

3. Vedi: *Das Andere* n.2, Vienna 1903, in: Cacciari M. *Adolf Loos e il suo angelo*, Mondadori Electa, 2002.

4. Si cita a proposito l'interessante recente mostra al MART, documentata dal catalogo: AA.VV. *Progetto cibo. La forma del gusto*, Electa, 2013.

5. Vedi Caz Hildebrand , Jacob Kenedy, *The Geometry of Pasta*, Sperling & Kupfer 2003-2007. *La Geometria della pasta* ha ricevuto diversi riconoscimenti come il *Design Week Awards 2011* per l'Editorial Design e il *Creative Review Annual 2011.*

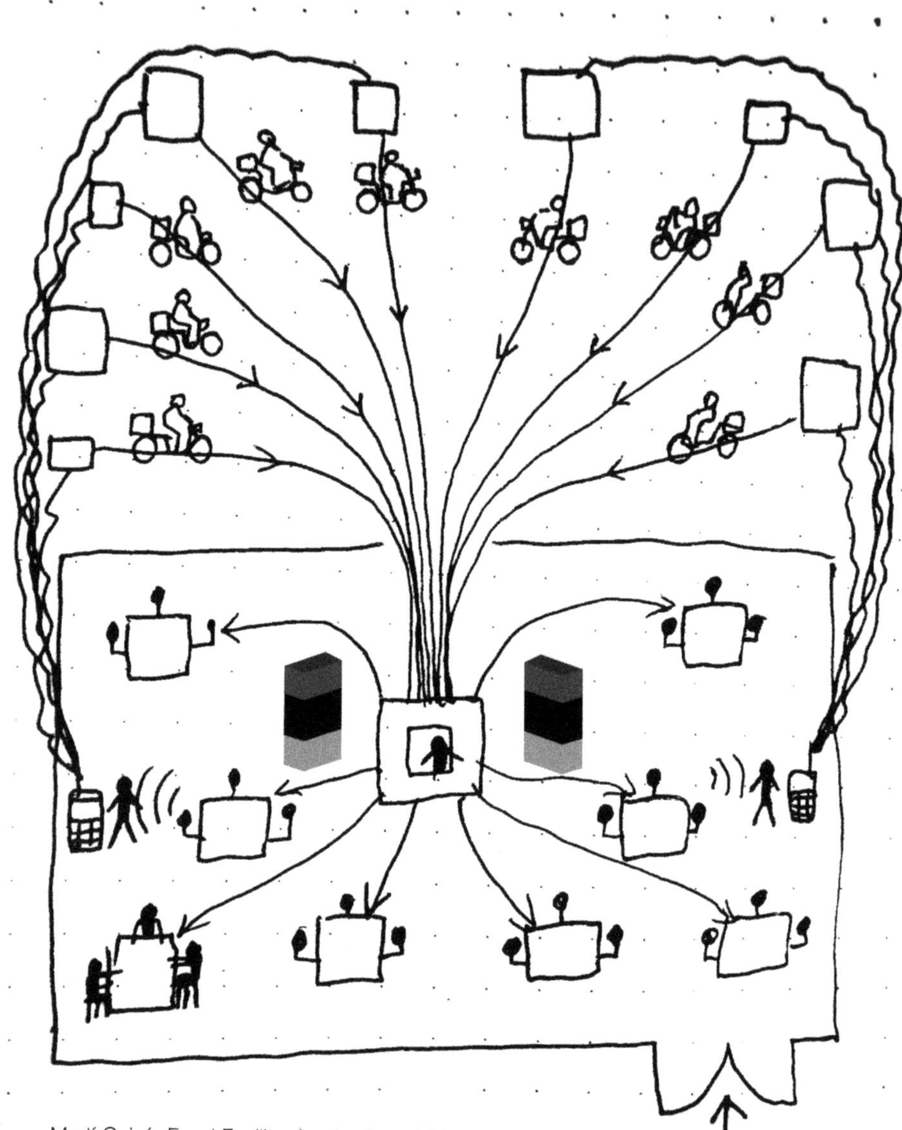

Martí Guixé, Food Facility, Amsterdam, 2005

Nuovi concept e sperimentazioni

Il cibo fa parte della nostra vita e del paesaggio quotidiano. I luoghi associati al suo consumo sono i più vari, da quelli tradizionali interni alle pareti domestiche, come la cucina e la sala da pranzo, ai ristoranti e agli altri locali pubblici destinati allo scopo. Il nostro immaginario legato al cibo fa riferimento ai tanti luoghi ed esperienze legate a esso, che negli ultimi anni hanno conosciuto una dinamica che ha portato ad ampliare le esperienze ad esso collegate ad un contesto più ampio e diversificato. L'atto del consumo del cibo, da sempre familiare e stratificato nella nostra cultura da tradizioni millenarie, conosce nuove modalità di fruizione che ci sorprendono e propongono innovativi dati di progetto per l'ideazione di nuovi spazi ed esperienze ad esso associate.

È necessario distinguere tra quei nuovi concept che rientrano nella categoria tradizionale degli "spazi" destinati al consumo del cibo (o comunque ad esso legati in particolari luoghi polifunzionali), che hanno una "consistenza" materiale architettonica, e quelle nuove "esperienze" legate al cibo che invece sono di natura estemporanea, a volte effimera, che come delle vere e proprie *performance* fruitive non necessitano di spazi permanenti e che, una volta esaurite, comportano la smaterializzazione del loro involucro-contenitore.

Nella prima categoria rientra la tipologia tradizionale dei ristoranti, che negli ultimi anni sono stati oggetto di profonde innovazioni, soprattutto riguardo alla spettacolarizzazione dell'evento che in essi ha luogo (il consumo collettivo del cibo) e nella rappresentazione scenografica della sala. La progettazione del ristorante è tradizionalmente territorio disciplinare degli architetti. La loro particolare destinazione d'uso però, nel *back of the house* come nella disposizione della sala e nell'organizzazione dei percorsi dalla cucina alla sala e viceversa, richiede conoscenze tecniche specifiche ed esperienza pratica di gestione quotidiana che solitamente gli architetti non possiedono. È necessaria pertanto, come si vedrà nella seconda parte del libro, la consulenza di esperti di Food & Beverage. Nei ristoranti *gourmet* di alta gamma è spesso direttamente lo chef ad occuparsi della progettazione, intervenendo in maniera determinante nelle scelte distributive e nella configurazione dell'ambiente architettonico, definendo percorsi, ambiti, e funzioni. Di seguito, saranno trattati separatamente i casi in cui

Philippe Starck, Dragon Lounge del ristorante Katsuya, Miami, 2012.

la progettazione è stata prevalentemente eseguita dall'architetto (con la collaborazione di esperti del settore) e quelli in cui invece i processi decisionali siano stati controllati direttamente dallo chef proprietario/ gestore dell'esercizio.

Tra le tante tipologie esistenti di locali per la ristorazione e di spazi per il consumo del cibo, saranno illustrate di seguito soltanto alcune esperienze che presentino innovazioni di particolare rilievo, privilegiando prevalentemente i ristoranti *gourmet*.

Esiste inoltre un'ulteriore categoria di luoghi ibridi, che è opportuno citare per completezza di trattazione. Si tratta di quegli spazi polifunzionali che consentono esperienze di diverso tipo legate al cibo, in associazione con altre attività. A volte questi spazi possiedono anche una funzione sociale e formativa, finalizzata alla crescita della cultura culinaria e della consapevolezza agroalimentare nella collettività.

Tutte queste esperienze riguardanti il cibo si stanno diffondendo intorno a noi, invadendo campi finora sconosciuti e mescolandosi con altri aspetti della vita quotidiana, generando talvolta esiti inattesi e sorprendenti.

Martí Guixé, Camper Food Ball, Barcellona, 2004

○ *Gli spazi per il consumo del cibo*

Ristoranti

Il design dei ristoranti possiede una longevità molto breve rispetto ad altre tipologie architettoniche. Oggi gli interni di un ristorante vengono spesso riprogettati integralmente dopo un lasso di tempo abbastanza breve, di solito non superiore ai 4/5 anni. È pertanto questa una categoria specifica dell'interior design che si rinnova molto velocemente, data la gran quantità di nuove realizzazioni costantemente in corso.

○ *I ristoranti dei designer*

Uno degli architetti che ha maggiormente innovato il progetto del ristorante negli ultimi decenni, in particolare riguardo alla spettacolarizzazione della sala e alla creazione di spazi ludico-sociali, è stato Philippe Starck. Data la considerevole rilevanza dei risultati raggiunti e la notevole quantità di espedienti adoperati nella definizione degli spazi, oltre all'influenza sulle successive generazioni di

Martí Guixé, Camper Food Ball, Barcellona, 2004

designer, l'apporto dato da questo designer atipico sarà approfondito dettagliatamente nel prossimo capitolo, dedicato interamente alle sue realizzazioni in questo settore.

Un altro designer che in anni recenti ha fornito un contributo molto interessante, con le sue realizzazioni sperimentali, è lo spagnolo Martí Guixé[1]. Personaggio eclettico e *food designer*, egli considera il cibo alla stregua di un oggetto di uso quotidiano, che come tale può essere progettato e coinvolge la disciplina del design. Nei suoi allestimenti sperimentali, Guixé propone nuovi modi di esperire il consumo del cibo, dove il rito quotidiano, normalmente ripetuto più volte al giorno (colazione, pranzo, cena...) e che è fortemente legato al contesto culturale ed alla tradizione, non svolge più solamente la funzione essenziale di nutrire l'organismo, ma diventa un'esperienza sociale e comunicativa, un modo per esprimersi, stare insieme, dialogare. Oltre a inventare nuove forme per il cibo, reinterpretando la tradizione in chiave moderna, analizzandolo in termini di sostenibilità, forma, materiale, funzione e packaging, Guixé si interessa in modo particolare al rituale d'uso. Gli oggetti di *food design* e gli "ambienti" da lui progettati propongono nuove modalità di relazionarsi col cibo, che definiscono implicazioni sociali ed etiche.

Camper FoodBALL[2], realizzato a Barcellona nel 2004, è un concept ibrido, un negozio di alimenti naturali biologici che è anche un ristorante, un bar, un fast food e un take-away. La sua funzione principale, però, è quella di luogo d'incontro, di punto di riferimento del quartiere.

Lo spazio è diviso in tre zone basilari: l'entrata con il bancone e la cassa, la cucina e l'area destinata al consumo del cibo, formata da un'ampia gradonata disposta come una sorta di tribuna.

Una parete è occupata da una grafica che raffigura un mondo rurale idealizzato, con un diagramma che fornisce informazioni riguardanti gli alimenti. La rappresentazione grafica svolge un ruolo importante nella caratterizzazione dello spazio, contribuendo a rendere il luogo amichevole ed anticonvenzionale. Anche la cucina proposta svolge un ruolo comunicativo fondamentale: il cibo è venduto in forma di palla di riso ripiena, forma aneddotica e funzionale, che nasce da un gesto base di produzione manuale.

La presenza della gradonata "teatralizza" lo spazio, dove i clienti seduti sui cuscini sono "messi in scena" e allo stesso tempo godono dall'alto di una vista privilegiata sulla piccola sala. L'ambiente si configura come un luogo informale per gente contemporanea,

permettendo agli individui di agire come se si trovassero per strada, in un luogo pubblico. Tutto lo spazio è concepito come un tratto di "strada" coperta, un'estensione dello spazio esterno in un interno, dove la gente si può incontrare. Difatti *FoodBALL* propone la vendita di cibo di strada, da consumare in maniera informale, in piedi o seduti sui gradoni. Il funzionamento di *FoodBALL* può essere paragonato a quello di un furgone ambulante che vende cibo per strada. Il cibo viene acquistato direttamente al bancone all'ingresso (non c'è servizio ai tavoli, anche perché non ci sono "tavoli") e dopo aver acquistato il cibo, come in un take-away, ci si può sedere dove si vuole, oppure consumare in piedi.

Candy Restaurant è un altro luogo non convenzionale progettato da Guixè, un ristorante dove si servono solo caramelle[3]. Lo spazio è strutturato in maniera diversa rispetto al ristorante tradizionale: non vi è la zona "cucina", ma un bancone dove il "candy chef" prepara i piatti di caramelle assortite che è collocato nella stessa sala da pranzo, con grandi tavoli rotondi dove mangiare le caramelle in modo informale.

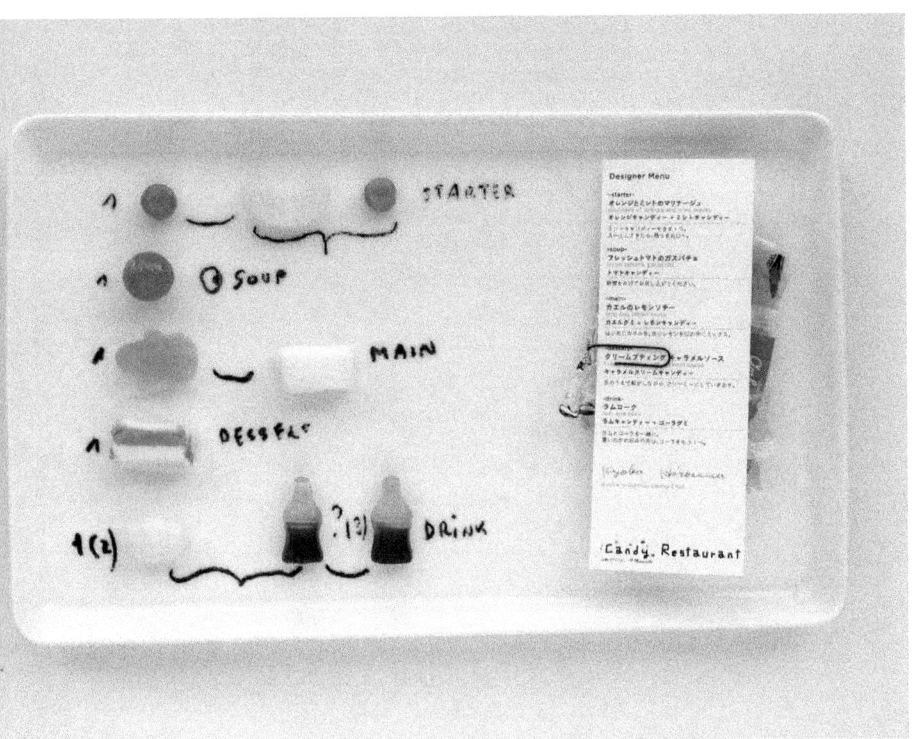

Martí Guixé, Candy Restaurant, Tokyo, 2007

Le caramelle sono servite insieme al menù che riporta le istruzioni su come mangiarle, in quale ordine, ecc. Sono disponibili quattro diversi menù. L'atto del mangiare una caramella, solitamente informale e occasionale, diventa in Candy Restaurant un rito formale, simile a quello del pasto quotidiano, da consumare seduti intorno ad un tavolo.

Un altro concept particolarmente innovativo progettato da Guixé è *Food Facility*. Realizzato ad Amsterdam nel 2005[4], si tratta di un ristorante senza cucina, completamente affidato a forniture esterne e in grado di poter offrire nove diversi tipi di cibo. Lo spazio è organizzato come un semplice "luogo per il consumo del cibo" con una grande sala da pranzo con tavoli dai quali è possibile ordinare, tramite internet e smartphone, pietanze che verranno consegnate direttamente al bancone centrale di distribuzione dai vari tipi di ristoranti e *fast-food* da asporto presenti nella zona. La piattaforma culinaria ideata da Guixé

Blacksheep, Inamo, Londra, 2008

Blacksheep, Inamo, Londra, 2008

consente di collegarsi in maniera culturale, sociale e culinaria alla rete di asporto locale, consentendo un'esperienza conviviale sempre nuova e mutevole. *Food Facility* può essere realizzato in diversi contesti fisici e culturali, mutando pelle e dimensione gastronomica a secondo del caso e delle scelte dei suoi singoli utenti. In questa struttura, gruppi di persone con gusti ed esigenze culinarie differenti (es. vegani, celiaci, ecc.) possono sedersi attorno a un tavolo nello stesso ristorante e ordinare cibi differenti. L'attività di Guixé in questo campo è bulimica e foriera di sorprese, costantemente impegnata nella ricerca di nuovi modelli. Interessante, come concept di ristorazione all'interno di una struttura museale, il progetto del ristorante *MANica*, nel museo MAN di Nuoro[5]. In tale progetto, annunciato nel 2008 e non ancora realizzato, Guixé vuole declinare la sua idea di ristorante dove l'esperienza passa attraverso il cibo con un'ispirazione che nasce dalla cucina e dalle tradizioni del luogo. L'acronimo MANica mette insieme le parole MAN (Museo d'Arte della provincia di Nuoro) e ICA (Island Culinary Assort), ed in sardo significa "mangiare". Lo spazio del ristorante si svilupperà attorno al cibo, anch'esso ri-progettato dal food designer spagnolo che reinterpreterà, destrutturatoli ed inventando nuove modalità di consumo, alimenti tipici della cucina sarda come il pane carasau o le sebadas.

Oltre a Guixé, altri designer ed architetti si sono, in tempi recenti, cimentati con l'ideazione di nuovi modelli non convenzionali di ristorazione. Un interessante esempio innovativo, in cui l'interfaccia con l'utente consente un'esperienza di ristorazione dinamica e interattiva, è l'*Inamo*, bar-ristorante *fusion* di Londra (2008) realizzato dallo studio inglese Blacksheep[6]. La caratteristica peculiare del ristorante sono i tavoli touch-screen, animati da videoproiezioni zenitali tramite proiettori nascosti all'interno di una sovrastruttura appesa al soffitto. Sulla superfice dei tavoli compaiono tutte le informazioni necessarie che consentono ai clienti di interagire con il locale, non solo per la scelta del cibo. Con un semplice tocco della superfice è possibile scegliere tra sette modelli di "tovaglia" virtuale, consultare il menù visualizzando i piatti, accedere alle informazioni aggiuntive sui singoli piatti (ingredienti, metodo di cottura, ecc.), e ordinare. Sono disponibili delle applicazioni per impiegare il tempo nell'attesa, come ad esempio videogiochi, ma soprattutto è possibile tenere sotto controllo il conto in "tempo reale" (evitando spiacevoli sorprese...) e, terminato il pasto, è possibile pagare con carta di credito utilizzando direttamente il tavolo-touchscreen e prenotare un taxi per tornare a casa.

Un aspetto particolarmente interessante è la possibilità di visualizzare direttamente sul tavolo, grazie alla videoproiezione, esattamente la pietanza da scegliere nel proprio "piatto virtuale". L'immagine è assolutamente realistica, e nel giro di minuti (i tempi di servizio sono molto veloci grazie all'informatizzazione del sistema delle comande) è sostituita dal piatto reale che, consegnato dai camerieri, si materializza di fronte al cliente. Viene praticamente annullata ogni possibilità di errore nel passaggio degli ordini verso la cucina, con la quale è possibile collegarsi tramite webcam per osservare dal tavolo gli chef al lavoro per la preparazione dei piatti.

All'interno dello spazio scenografico dell'*Inamo*, animato dalle luci colorate dei proiettori in un connubio tra tecnologia e tradizione culinaria orientale, il consumo del pasto diventa un'esperienza interattiva unica.

Questo concept è quello che probabilmente, più di altri, ci consente di aprire uno scorcio realistico sui nuovi scenari e modalità di consumo del cibo nel prossimo probabile futuro.

Mathieu Lehanneur, Wikibar, Parigi, 2013

Un altro ristorante degno di nota e capace di distinguersi nel circuito mainstream delle cosiddette strutture green e "sostenibili" è il *Flood* (2007) del designer Mathieu Lehanneur a Parigi[7]. In questo spazio raffinato e particolare la qualità e l'attenzione progettuale non si limitano agli interni e agli arredi, ma si estendono all'intera esperienza olistica, includendo gli oggetti, l'immagine coordinata e naturalmente il cibo. Lehanneur propone nel suo ristorante un microambiente purificato, con aria salubre al 100%. Al centro del locale è collocato un aquario da 100 litri contenente una particolare microalga, la *Spirulina Platensis*, che attraverso la fotosintesi produce ossigeno e lo immette all'interno del ristorante, purificandone l'aria in un processo depurativo continuo. Di conseguenza *Flood*, oltre a svolgere la funzione di locale per ristorazione, costituisce un tentativo, quantomeno ideale, di riequilibrio di un contesto urbano particolarmente inquinato. Lehanneur è un attento osservatore della natura, da cui trae spesso ispirazione per le sue sofisticate creazioni. Gli elementi d'illuminazione, costituiti da bolle di vetro soffiato, come nuvole sospese suggeriscono con la loro forma proprio l'immagine del continuo fluire di aria pura.

Un altro interessante progetto del designer francese è il recente *Wikibar* di Parigi (2013). Si tratta del primo esercizio di una catena di caffè, nei quali vengono venduti vari tipi di cibo avvolti in innovativi packaging edibili: Gelati, formaggi, yoghurt e altri alimenti contenuti in una "pelle" commestibile. Tutti questi cibi vengono mangiati direttamente con le mani senza l'ausilio di posate, proponendo un nuovo modo, più naturale e diretto, di interfacciarsi con il cibo. Il progetto d'immagine coordinata costituisce una componente fondamentale degli interni, con un controsoffitto dal pattern esagonale che richiama la struttura molecolare del cibo e la storia del brand impressa nella parete di fondo. Ma la vera peculiarità di Wikibar sta proprio nel food design del cibo, dove la pellicola commestibile che avvolge gli alimenti rende possibili nuove ed inedite modalità di consumo delle pietanze, con un approccio sostenibile.

○ *I ristoranti dei grandi chef*

Nei ristoranti *gourmet*, come già accennato, la configurazione dello spazio del ristorante è largamente determinata dalle preferenze dello chef, che entra direttamente nel processo decisionale sovrapponendosi all'architetto o sostituendosi talvolta ad esso. Non solo l'articolazione funzionale di spazi e funzioni, ma anche la dimensione estetica e il *mood* del ristorante vengono determinate dall'idea di fondo che lo chef ha del suo ristorante, in analogia con le pietanze proposte e del contesto culturale gastronomico di riferimento. Questo ruolo sovraprogettuale dello chef, in accordo o in conflitto con l'architetto, ha condotto talvolta alla sovrapposizione di spazi e funzioni, sperimentando nuovi tipi di esperienza e determinando nuove tipologie di luoghi per la fruizione del cibo.

Tra i tanti chef stellati di riconosciuta fama, anche mediatica, Carlo Cracco è tra coloro che hanno manifestato, in più occasioni, un interesse particolare per il design ed la progettazione coordinata del ristorante, dove spazi, *décor* degli interni, arredi e cibo fanno parte di un'unica *corporate image*[8]. L'attenzione per la materia che Cracco esprime nei suoi piatti, si palesa anche in ogni componente dell'immagine del ristorante. Questa indagine continua l'ha portato a concepire prodotti innovativi interessanti come il *Quaderno di mare*, uno speciale album edibile i cui fogli sono realizzati con un particolare processo di disidratazione ed essiccazione del pesce. Pagine commestibili che reinterpretano la materia prima associandogli una nuova funzione. Il *Quaderno* è un vero e proprio catalogo alimentare, caratterizzato da un susseguirsi di texture e colori che lo rende simile ai cataloghi di moda o di tessuti. Le affinità evidenti con ambiti diversi da quello prettamente gastronomico lo hanno portato a confrontarsi anche con il mondo dell'interior design, che gli risulta particolarmente congeniale, con un percorso parallelo di ricerca e sperimentazione. Cracco crea un raffinato intreccio di trame materiche, in un connubio tra le eleganti superfici tattili degli interni e le suggestive superfici edibili, che produce inedite combinazioni sensoriali. Nel catalogo dell'evento organizzato da *Cleaf* in occasione della Design Week del 2010, egli afferma: "*La combinazione decorativa non è l'artificio dell'immagine ma la magia di un processo. Il tentativo di dare nuova concretezza agli ingredienti di base. Durante questa metamorfosi le materie non perdono nulla del loro sapore, della loro realtà oggettiva: volumi, rilievi, superfici e colori acquistano una nuova poeticità, la percezione di un piacere inaspettato. Il trattamento dei materiali, unito alla perizia, alla tecnica e all'innovazione, restituisce l'emozione della scoperta, il superamento di un limite*"[9]. Cracco si esprime con il linguaggio del designer, anzi dell'architetto: assume un atteggiamento progettuale "costruttivo", dove però i materiali della composizione sono commestibili.

L'ultima proposta di Cracco, molto interessante sotto il profilo del design degli interni, è il nuovo Carlo e Camilla in Segheria[10], innovativo concept per la ristorazione di qualità a prezzi accessibili, aperto a Milano nel marzo 2014. Il locale è ricavato all'interno di una ex segheria, recuperata nel 1999 dalla proprietaria Tanja Solci come spazio per eventi espositivi e adesso trasformata in ristorante.

Carlo Cracco, ristorante Carlo e Camilla in segheria, Milano, 2014
Foto: Carlo Lavatori

Dall'incontro tra Cracco e la Solci, è nato un ristorante d'ispirazione newyorkese dalla particolarissima ambientazione industriale, dove l'interno è caratterizzato dalla presenza di un unico lungo tavolo a X per 65 coperti dove i commensali siedono tutti assieme per un cena conviviale. Cracco ha apprezzato immediatamente la proposta della Solci del tavolo unico, soluzione non convenzionale per l'ambiente milanese, favorendo in questo locale un'atmosfera chic ma informale, dove i commensali sono spinti a conversare e interagire tra di loro.

Grandi lampadari di cristallo, appesi all'alto soffitto, sono illuminati da faretti con una luce bassa e drammatica. Anche la *mise en place* collabora alla suggestiva scenografia "teatrale" con piatti decorati, tutti fuori produzione, scelti uno ad uno da Tanja Solci. In alcuni punti focali, troneggiano sulla tavola piccoli gruppi di porcellane bianche (caraffe, teiere, ecc.). Si tratta di ceramiche di scarto della storica azienda Richard Ginori, destinate alla distruzione a causa della presenza di piccoli difetti impercettibili e "salvate" dalla Solci che le ha scelte per completare l'allestimento della tavola (non hanno alcuna funzione se non quella decorativa).

Le sedie, di due tipi differenti, sono di Fronzoni (per Carlo) e Jasper Morrison (per Camilla).

Moreno Cedroni, ristorante Anikò, Senigallia, 2003

Un altro chef rinomato che manifesta interesse per l'architettura ed il design è Moreno Cedroni, che concepisce l'esperienza del consumo del cibo all'interno di un progetto di immagine coordinata che va dal cibo all'ambiente costruito intorno ad esso. Creatore dell'*Anikò*, prima salumeria ittica al mondo, questo luogo è destinato alla vendita ed al consumo delle specialità da lui create. Cedroni ha infatti inventato una serie di innovativi salumi di pesce (come la bresaola di tonno o di pesce spada), preparati secondo particolari procedimenti di salatura ed affumicatura. Questi prodotti vengono venduti o serviti in uno spazio che si pone a metà strada tra il chiosco per lo street food ed il sushi bar, progettato a partire dalla tipologia del bar con bancone dal quale è possibile servirsi dal buffet. La struttura architettonica, in legno e acciaio, è caratterizzata da un'apertura che si sviluppa orizzontalmente (come una *fenêtre en longueur*), con lo spazio esterno di sosta della clientela coperto da una leggera pensilina.

Alex Atala, D.O.M, San Paolo, 1999

Cedroni è stato anche lo chef dell'ex ristorante *Clandestino* di Milano, all'interno dell'hotel Maison Moschino (che recentemente ha cambiato gestione e nome, ma non il design degli interni)[11]. Qui i progettisti coordinati da Hotelphilosophy hanno posto particolare attenzione nel progetto della sala ristorante, con continui riferimenti alla casa di moda. Sia il *food design* che la *mise en place* dei tavoli sono stati curati nei dettagli, in un rapporto simbiotico tra cibo e design, architettura e moda. Su ogni tavolo, una borsetta Moschino contiene il pane e i grissini o all'occorrenza la bottiglia di vino, mentre alle pareti sono appesi degli abiti da donna, elementi decorativi che caratterizzano l'ambiente come una sorta di wallpaper continuo.

Un altro noto chef Brasiliano, Alex Atala, nel suo ristorante *DOM* a San Paolo propone piatti ispirati agli aromi della sua terra. Il luogo in cui sorge il *DOM*[12], considerato il 4° miglior ristorante del mondo, è particolarmente strategico per la sua collocazione: nel cuore del quartiere *Jardins*, il più ricco della città e del paese, vicino ad hotel di lusso e alle griffe più famose della moda. Atala utilizza i profumi liquidi da lui creati per arricchire i suoi piatti e fornire un'esperienza polisensoriale immersiva ai suoi clienti, che possono assistere alle esibizioni dei cuochi attraverso una quasi totale trasparenza della cucina, visibile dalla sala ristorante. L'attenzione agli aromi e l'approccio multisensoriale sono una caratteristica condivisa anche da un altro chef famoso: Juan Maria Arzak. Lo chef spagnolo ha allestito sopra il ristorante che porta il suo nome un vero e proprio spazio-laboratorio, attrezzato con tecnologie e macchinari all'avanguardia. Arzak ha creato, all'interno di un caveau climatizzato una Banca dei Sapori contenente una collezione di aromi provenienti da tutto il mondo. L'interesse per la cucina molecolare e per l'interpretazione

Matali Crasset, Fraich' Attitude, Parigi, 2006

cerebrale e sensoriale del cibo ha portato Philips Design a coinvolgere Arzak in un innovativo progetto sui nuovi scenari legati alla percezione del cibo, stimolando un rapporto interattivo-emozionale e sensoriale durante l'atto di consumo del pasto in un'esperienza multisensoriale che coinvolge l'utente a 360°. Sapore, olfatto, vista, tatto e udito diventano gli ingredienti per un'esperienza totalizzante di cui lo spazio architettonico in cui si svolge l'atto è parte in causa.

Tra le altre tipologie innovative sperimentate recentemente ricordiamo, infine, quelle degli chef Jordi Butron, che ha inventato *Epaisucre*, primo ristorante per soli dolci con annessa scuola di pasticceria, e Jamie Oliver, che con *Fifteen* ha creato un ristorante didattico per il reinserimento di giovani svantaggiati.

Interno della sede londinese di Recipease, 2012

○ *Tipologie ibride*

Esistono inoltre una serie di tipologie ibride nelle quali la funzione primaria di luogo per il consumo del cibo si sovrappone o si affianca ad altre funzioni supplementari, di rilevanza variabile a seconda dei casi.

Pur non essendo propriamente dei ristoranti, alcuni di questi spazi presentano apprezzabili spunti d'interesse. Tra questi, citiamo *Fraich' Attitude*, della designer francese Matali Crasset, spazio polifunzionale che propone una cucina collettiva ed un centro culturale culinario e, su un genere simile, *Recipease* dello chef Jamie Oliver, che si propone come una sorta di caffè letterario culinario.

Fraich' Attitude[13] è basato sulla semplice idea di offrire uno spazio attrezzato con una cucina collettiva nel centro di Parigi: un luogo aperto alla città dove cucinare insieme e condividere l'esperienza sociale della preparazione e del consumo del cibo. In questo spazio tutti possono partecipare a workshop di cucina (prevalentemente a base di frutta e verdura di stagione) sotto la guida di chef, dietologi, esperti di cucina e foodblogger. L'ambiente progettato da Crasset è uno spazio funzionale e fluido, totalmente accessibile, dove i colori e i materiali utilizzati richiamano la dimensione domestica. Il nucleo centrale è occupato da un bancone a "Y" destinato alle lezioni pratiche di cucina. In un'altra zona del locale, più raccolta e intima,

Bompass & Parr, Alcoholic Architecture, Londra 2009. Foto: Greta Ilieva

si trova un luogo di studio dove è possibile consultare libri, scambiarsi ricette e consigli e assistere a lezioni teoriche e seminari. Completano l'ambiente una biblioteca e ed uno spazio espositivo dove è presentato il calendario degli eventi in programma.

Recipease, aperto a Brighton e a Londra nel 2009, è un concept misto in cui si combinano le funzioni del food shop, del ristorante e della scuola di cucina[14]. Luogo di incontro per appassionati del cibo, la funzione prevalentemente didattica di questo spazio si riflette nel progetto di immagine coordinata del packaging dei prodotti venduti, che si ispira ai "kit di montaggio". In *Recipease* infatti i clienti vengono per imparare il fai-da-te in cucina e per trovare tutto il necessario per la preparazione del cibo, utensili inclusi. L'offerta è declinata secondo tre specifiche categorie: *easy to go* (piatti pronti da cucinare in casa), *easy to learn* (corsi di cucina all'interno del locale, provvisto di una grande cucina al centro) ed *easy to make* (che prevede la possibilità di ordinare un piatto via internet, cucinarlo nel locale e mangiarlo a casa). In qualsiasi ora della giornata inoltre è possibile preparare all'interno del locale dei semplici piatti base venduti in appositi kit con gli ingredienti e gli utensili necessari.

Marti Guixé, Milano 2010. Foto: Stefania Leva

○ Nuove Esperienze

Negli ultimi anni, alcuni creativi, architetti, designer o artisti, hanno concepito diverse performance spaziali legate al cibo, in cui sono state sperimentate nuove modalità di consumo e di interazione. Alcune di queste esperienze, di matrice situazionista, hanno prodotto esiti interessanti, suggerendo innovazioni possibili o futuribili nel nostro rapporto con il cibo. Tra i tanti soggetti attivi in questo campo, Martì Guixé è sicuramente il più prolifico.

In *Snack Bar Wall*, egli ha proposto un sistema in cui l'utente è invitato a mangiare le "pareti" di una stanza, che vengono ricoperte di una speciale carta commestibile. Il cibo non è più semplicemente oggetto di conversazione, ma circonda l'uomo, definendo i limiti dello spazio costruito. I fogli 40x40 cm di carta commestibile, appesi alle pareti con la nutella, riproducono immagini con le istruzioni per l'uso, realizzate con inchiostro di nero di seppia. Altro esperimento interessante di Guixé è *Gat Fog Party* (2005), che propone una maniera innovativa di esperire il cibo (in questo caso un cocktail alcolico). *Gat Fog Party* è una nebbia artificiale per interni, a base di gin e tonic, che viene assunto dal pubblico per inalazione.

Bompass & Parr, Fruit Weather, Mosca, 2013. Foto: Sam Bompas

Lo stesso concetto era alla base di *Pharma Food* (1999), altro progetto di Guixé che consiste in un ambiente nel quale il nutrimento avviene tramite la respirazione. Guixé ha voluto qui invertire il processo attraverso il quale, inavvertitamente, tutti i giorni ingeriamo delle particelle inquinanti, negli ambienti chiusi e negli spazi aperti delle città, proponendo una nuova forma di nutrimento attraverso un microambiente controllato nel quale ingeriamo le microparticelle nutritive sospese nell'aria. Le particelle presenti in *Pharma Food* includono vitamine, aminoacidi, minerali e altre sostanze nutrienti che hanno effetti benefici sull'organismo. Per far sì che le particelle raggiungano lo stomaco e non i polmoni è stato previsto un elemento chiamato "attivatore salivare" che stimola le ghiandole salivari affinché le particelle inalate aderiscano alla saliva e raggiungano lo stomaco. Gli esperimenti di Guixé hanno ispirato anche altri designer e architetti, come gli inglesi Bompass & Parr, autori di *Alcoholic Architecture*[15]. Sostenitori della sinestesia tra cibo e architettura e noti per la loro ricerca sull'uso delle proprietà plastiche della gelatina alimentare per la realizzazione di modelli architettonici, Bompass & Parr hanno realizzato nel 2009 un ambiente temporaneo che proponeva un'esperienza sensoriale inusuale. Il pubblico veniva fatto entrare (massimo quaranta persone per volta) in un apposito locale dopo aver indossato una speciale tuta protettiva. All'interno, uno speciale sistema di vaporizzazione a ultrasuoni diffondeva nell'ambiente una miscela di microparticelle di gin tonic, come nel *Gat Fog Party* di Guixé. Secondo i due progettisti, 40 minuti di inalazione all'interno di Alcoholic Architecture equivarrebbero alla quantità di cocktail ingerita per via tradizionale.

L'assunzione per inalazione viene declinata anche secondo modelli più salutisti, come in *Fruit Weather*, istallazione realizzata per il Garage Centre of Contemporary Culture nel gennaio 2013 a Mosca.

Bompass & Parr, Multisensory Fruit Fireworks, Londra, capodanno 2014, Foto: Stefan Braun

Si trattava di un sistema ambientale immersivo a base di frutta che si estende alla scala dell'edificio, diffondendo essenza profumata in una sorta di "nuvola" abitabile. L'atmosfera di questo micro-ambiente veniva saturata di vapore alla frutta tramite dei potenti nebulizzatori-umidificatori. L'alto tasso di umidità incrementava la percezione del gusto nei visitatori, che ogni giorno potevano muoversi all'interno di uno spazio saturato di essenze diverse al gusto di fragola, lampone, mirtillo, ecc.

Un'altra caratteristica ricorrente in alcuni lavori recenti di Bompass & Parr è la grande dimensione dell'intervento, spesso commisurata alla scala architettonica. Un caso eclatante è *Architectural Punchbowl*, realizzato in collaborazione con Courvoisier nel dicembre 2009 a Londra al 33 di Portland Place, in una delle dimore storiche più prestigiose della città. L'istallazione-performance consisteva in un cocktail gigantesco del peso di quattro tonnellate. Il carico previsto era tale che fu necessario verificare con gli ingegneri di Arup la stabilità dell'edificio settecentesco destinato ad accogliere il maxi-cocktail. I visitatori dovevano addirittura navigare nel punch, per mezzo di una barchetta a forma di fetta d'arancia, prima di essere serviti e continuare l'esperienza architettonica nell'elegante edificio utilizzato per l'istallazione.

Ton Matton, Frutteto Urbano, Milano, 2010

Al di là dell'aspetto goliardico di alcune loro esperienze, la ricerca di Bompass & Parr sembra basarsi anche su criteri scientifici. Secondo il noto saggio pubblicato da John Edwards della Bournemouth University nel 2003, l'ambiente all'interno del quale si mangia ha un impatto considerevole sulla nostra percezione del gusto. Edwards e i suoi collaboratori sostenevano che uno stesso piatto (*chicken à la king*) ha un sapore diverso a seconda dell'ambiente nel quale viene consumato. Durante gli esperimenti condotti dalla sua equipe, la stessa pietanza era stata consumata in contesti molto diversi tra di loro, tra cui una scuola, una casa di cura, una caserma dell'esercito e un ristorante chic. Migliore era la qualità generale estetica dell'ambiente in cui il piatto veniva consumato, migliore era il giudizio ottenuto. Addirittura, la stessa portata era stata giudicata come gustosa e abbondante dai consumatori nel ristorante elegante, mentre veniva considerata di scarsa qualità ed addirittura disgustosa in altri contesti più "degradati". La qualità estetica dell'ambiente in cui avviene l'atto del consumo del cibo è quindi per Edwards una componente fondamentale nella percezione del gusto, capace di attivare i neuroni ricettivi che trasmettono al cervello la sua percezione. Questo tipo di esperienza è stata riproposta da Bombass & Parr durante il Salone del Mobile di Milano del 2012, con la fotografa Greta Ilieva che ha immortalato il *chicken à la king*, pietanza utilizzata nell'esperimento in una varietà di contesti diversi[16].

Tornando a Guixé, un'altra sua famosa istallazione, particolarmente interessante per contenuto didattico e capacità interattiva, è il progetto *Food Karaoke* (2001). Come nel citato ristorante *INAMO* di Londra, una videoproiezione anima il tavolo, sul quale sono poggiati anche degli oggetti reali, ingredienti e utensili da cucina. La video proiezione illustra il procedimento per la preparazione dello *Spamt*, pietanza ideata da Guixé che nasce dalla reinterpretazione di un piatto tipico catalano. Il pubblico è invitato a interagire direttamente con gli oggetti presenti sulla tavola, seguendo le istruzioni del video per la preparazione del piatto, come in una sorte di *Karaoke* visivo.

Un altro interessante progetto *green* è quello realizzato dal designer olandese Ton Matton per la Biennale di Venezia del 2008 e riproposto per la Design Week di Milano nel 2010 con il titolo *Frutteto Urbano*. L'istallazione consisteva in una dozzina di alberi piantati in vasi colorati dotati di un apposito sistema di autoalimentazione sostenibile, collocati nell'atrio interno alla stazione ferroviaria e metropolitana di Porta Garibaldi. Si veniva così a creare un'originale zona verde indoor, un frutteto urbano i cui frutti potevano essere raccolti dai passanti, affermando metaforicamente l'idea della stazione come una "agorà" coperta, spazio di condivisione e d'incontro, di scambio e di "alimentazione" culturale.

La eating designer Marije Vogelzang[17] progetta eventi-performance legati al cibo, come l'environment situazionista Sharing Dinner. Formata alla Design Academy di Eindhoven, istituto noto per il suo approccio concettuale, la designer olandese focalizza la sua attenzione all'interazione tra uomo e cibo, esplorandone le valenze progettuali e comportamentali. Un'occasione per indagare il cibo come "esperienza totale" si presenta nel 2005, quando il gruppo Droog Design le commissiona l'organizzazione della tradizionale cena natalizia. La Vogelzang decide di esaltare la dimensione conviviale dell'evento, la cui esperienza si compie con l'atto dello stare insieme a tavola condividendo il cibo. Viene realizzata una grande tovaglia speciale, ancorata al soffitto, che crea uno spazio scenografico all'interno del

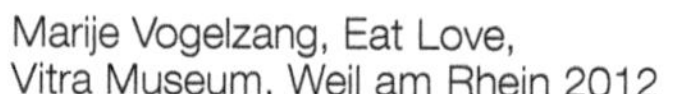
Marije Vogelzang, Eat Love,
Vitra Museum, Weil am Rhein 2012

quale i partecipanti accedono infilando la testa e le mani in apposite aperture. L'azione della cena-performance si svolge all'interno di questo environment embrionico, sorta di cocoon dove ogni elemento è pensato per facilitare la condivisione e lo scambio: i commensali sono costretti a scambiarsi gli accessori e a passarsi le vivande, in un'interazione continua. Al termine della cena, l'evento si risolve con la "liberazione finale" dei commensali che tagliano la tovaglia grazie alle forbici fornite insieme alle posate. L'esperienza è stata replicata con successo a Tokyo nel 2008.

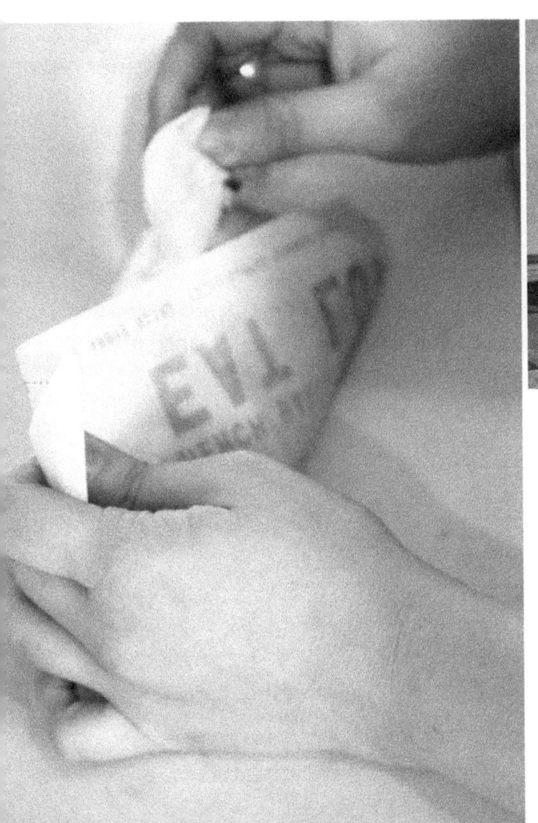

Marije Vogelzang, Bits'n Bytes, Rotterdam, 2008

Bits'n Bytes, è un'altra performance realizzata da Marije Vogelzang per il Museo Boymans van Beuningen nel 2008, dove la designer olandese insiste ulteriormente sull'importanza dell'esperienza relazionale tra i commensali. Una lunga tavolata a "C", allestita all'interno di uno spazio industriale dismesso, funziona come un lungo nastro trasportatore dove i piatti scorrono sopra piccole sfere colorate commestibili. Durante il pasto, i partecipanti sono spinti a interagire tra di loro per passarsi le portate. L'installazione consentiva ai commensali anche di scambiarsi messaggi low-tech, tramite letterine attaccate alle vivande. Recentemente, questo evento è stato ripetuto in una sede d'eccezione: l'ex fabbrica Van Nelle di Brinkman e Van der Vlugt a Rottedam, edificio iconico del Movimento Moderno.

1. Per approfondimenti, vedi: Guixé Marti, *Food Designing,* Corraini Edizioni, 2010

2. ibidem, p. 163

3. ibidem, p. 164

4. ibidem, p.165

5. ibidem, p. 160

6. vedi: Maffei Stefano, Parini Barbara, *Food Mood,* Electa, 2010, p. 100

7. ibidem, p. 102

8. ibidem, p. 59

9. vedi: catalogo *Textures & Taste*, CLEF, 2010

10. Il nome fa riferimento alla nota coppia reale inglese, dove Carlo sta anche per Cracco e Camilla per la socia e proprietaria dello spazio Tanja Solci.

11. Il ristorante, temporaneamente chiuso e in fase di riorganizzazione, adesso si chiama La Croyance e sarà affidato ad un altro chef. (fonte: Hotelphilosophy).

12. Maffei S., Parini B., op. cit., p. 26

13. ibidem, p.104

14. ibidem, p.106

15. ibidem, p. 98

16. " Innerspace. How interiors influence the taste of food", Tar Magazine, Salone del Mobile di Milano, Aprile 2012

17. cfr. anche: M. Vogelzang, L. Schouwenberg, *EAT more LOVE*, Bis, 2008

Marije Vogelzang, Sharing Dinner, Tokyo, 2008

Philippe Starck, Katsuya Glendale, Los Angeles 2008

Esperienze perturbanti:
i ristoranti di Philippe Starck

Molti ristoranti oggi, in particolare quelli delle città metropolitane e delle località alla moda, non sono soltanto luoghi deputati al consumo del cibo, a prescindere dal loro tipo o categoria.

Spesso, infatti, più della qualità del cibo in sé, o in aggiunta ad essa, ciò che è importante e che completa l'esperienza del pasto è la sensazione speciale di far parte di un evento collettivo, dove la componente teatrale data dallo spazio scenografico in cui l'atto si svolge (la sala del ristorante) ed il fatto di consumare il cibo insieme ad altre persone in una sorta di cerimonia rituale, costituiscono una forma di integrazione emozionale dell'esperienza estetica, della quale i clienti sono al tempo stesso attori e spettatori.

Tra gli architetti e i designer più innovativi che hanno contribuito alla diffusione di questo fenomeno, va citato in questa sede l'eccezionale apporto dato da Philippe Starck[1], indubbiamente l'interprete più significativo della spettacolarizzazione dello spazio del ristorante, tipologia architettonica in cui egli ha introdotto una notevole quantità di sperimentazioni inedite, dai primi progetti realizzati negli anni Ottanta ad oggi.

Molte delle innovazioni introdotte da Starck sono state in seguito da lui riproposte in altre realizzazioni, divenendo tratti caratteristici dei suoi interni, altre sono state copiate da una lunga schiera di proseliti e imitatori, alcune addirittura "facendo scuola" e proponendo nuove modalità di consumo collettivo del pasto nel ristorante.

Nel corso della sua carriera, sia nei ristoranti progettati all'interno di alberghi (tipologia da lui radicalmente rinnovata), sia nell'ideazione di esercizi indipendenti, Starck ha realizzato spazi scenografici in cui la sala del ristorante è concepita come un palcoscenico teatrale in cui lo spettacolo non è dato solo dal consumo del cibo, ma dalla clientela stessa, in un'articolazione voyeuristica di spazi, trasparenze e riflessi dove si va non solo per pranzare o cenare, ma anche per vedere, farsi vedere e partecipare allo spettacolo collettivo del *people watching people*. Un'ulteriore caratteristica onnipresente nei ristoranti di Starck è la "predisposizione alla socializzazione": i suoi ristoranti, come pure gli ambienti comuni dei suoi hotel, sono anche luoghi d'incontro dove spazi e arredi sono concepiti per facilitare la conversazione e socializzare.

Quando ci si reca in uno dei suoi ristoranti, l'esperienza architettonica ha inizio già all'entrata del locale, con una studiata regia: la vista della sala è spesso schermata da quinte scenografiche che sembrano celare lo spettacolo che si svolge nel "palcoscenico" interno.

Starck sperimenta l'uso di spettacolari tendaggi arricciati già nel lontano 1985 al Theatron di Mexico City, dove le grandi tende, che coprono e allo stesso tempo invitano a scoprire spazi nascosti, avvolgono scenograficamente una scalinata monumentale animata da oggetti isolati sapientemente decontestualizzati. La poltrona, inusualmente collocata in mezzo alla rampa di scale, è un elemento la cui presenza suscita sorpresa e, al tempo stesso, un palcoscenico che mette in mostra come un "trono" chi vi siede sopra, esponendolo alla pubblica vista.

Tende bianche svolazzanti sono utilizzate anche nella terrazza dell'Hotel Delano di Miami, dove diventano elementi di benvenuto che suggeriscono un'esperienza teatrale[2].

I percorsi per il pubblico sono spesso articolati come *promenade* "panoramiche" che consentono di attraversare il ristorante osservando gli altri commensali, in un'esperienza dinamica che si ripete sia quando si entra sia quando si esce dal locale. La maestosa scalinata della lobby del Paramount Hotel di New York[3] era concepita come la passerella di un *fashion show*, dalla quale gli ospiti scendevano lentamente come in una sfilata di moda, per farsi vedere da tutti i presenti e al contempo poter abbracciare con lo sguardo l'intera sala.

Ogni avvenimento spaziale viene sapientemente "messo in scena" da Starck, in questi interni dove si supera la distinzione tra elemento funzionale e scenografico, in un continuo mescolamento di generi in cui, tra artifici teatrali e circensi[4], viene costantemente ricercata l'emozione architettonica. Questa volontà di sorprendere l'utente, facendogli vivere un'esperienza unica e straordinaria, ha portato ad accostare, come ha osservato Luciano Crespi[5], l'architettura di Starck all'idea di "perturbante", indagata da Anthony Vidler[6], autore nel 1992 di *Il perturbante nell'architettura*. Questa caratteristica, presente in molti interni progettati da Starck e in maniera particolare in quelli che custodiscono rituali collettivi, riprende la nozione di *Unheimlich* descritta in un celebre saggio di Sigmund Freud[7]. Tradotto in italiano

Philippe Starck, ristorante Theatron, Mexico City, 1985

con il termine "perturbante" (*uncanny* in inglese), *unheimlich* è il contrario di *heimlich*, che significa familiare, domestico (la radice *heim* significa casa). Il perturbante è quindi ciò che, pur alludendo al nostro ambiente domestico, non ci è del tutto familiare perché avvertiamo qualcosa di diverso, di inconsueto, che ci sorprende e crea un senso di spaesamento. In altre parole, avvertiamo il perturbante in architettura quando, all'interno di un ambiente "domestico" cui siamo abituati, cogliamo qualcosa di anomalo, di non convenzionale, che più o meno inconsciamente colpisce i nostri sensi.

Il concetto freudiano di perturbante è stato, come noto, una caratteristica peculiare dell'arte surrealista. Starck dichiara esplicitamente di utilizzare, nella concezione dei suoi spazi pubblici, tecniche "surrealiste", e cita artisti come Dalì, Magritte e Fornasetti[8].

Gli espedienti messi in atto da Starck sono i più vari, da quelli più evidenti e spettacolari (come i salti di scala degli oggetti sovradimensionati), alle alterazioni minime, quasi impercettibili, ma capaci di suscitare nell'osservatore una sensazione di straniamento. Espedienti illusionistici di ogni tipo, soluzioni misteriose, decontestualizzazioni, salti di scala, costruzioni e presenze inattese, sono tutti stratagemmi emozionali che immergono l'utente in un'atmosfera ludica e fantasiosa. Sigmund Freud, nel suo libro *L'interpretazione dei sogni* sottolineava la relazione diretta che esiste tra l'interno della psiche umana e l'interno della casa in cui il soggetto ha vissuto. L'interno di ogni casa è definito come una sorta

Philippe Starck, ristorante Le Dalì dell'Hotel Le Meurice, Parigi, 2008

di "scatola diagnostica" capace di rivelare la psiche di un individuo, esprimendone sogni, desideri e ossessioni. In maniera analoga, una dimensione onirica pervade gioiosamente gli ambienti progettati da Starck, rilevando agli avventori dei suoi ristoranti e hotel un mondo misterioso e fantastico, ironico e voluttuoso, mettendo a nudo gli aspetti inconsci dell'individuo. È l'improvvisa rivelazione di questi elementi reconditi *-unheimlich-* a provocare la caratteristica sensazione di sorpresa e straniamento del "perturbante". È lo stesso Starck a farsi interprete di questo processo di decodificazione della forma e dello spazio, autodefinendosi "rivelatore dei segni inconsci della società"[9].

Nei suoi progetti, il riferimento surrealista è palese sia in alcune soluzioni formali di arredi e dettagli, sia nelle sistemazioni spaziali di ambienti interni. Molte citazioni dell'opera di Salvador Dalì le troviamo negli arredi per il ristorante *Le Dalì* dell'Hotel *Le Meurice* di Parigi (hotel nel quale Dalì alloggiava abitualmente). Nella sala del ristorante progettata

Salvador Dalì, Leda chair, 1935

Philippe Starck, ristorante Bon, Parigi, 2008
A sx: sgabelli di Fornasetti nel ristorante Bon
In basso: Teiera "Tema e Variazioni" di Barnaba Fornasetti. Porcellana e oro dipinto a mano. Courtesy Fornasetti

da Starck, ad esempio, vi è la sedia disegnata da Dalì, con i piedi in forma di scarpe da donna[10] (utilizzata anche nel *Delano*), mentre ritroviamo la trasfigurazione formale zoomorfa tipica di molti oggetti di Starck in una celebre creazione di Dalì: il telefono-aragosta, presente in sala. In maniera scenografica, il soffitto del ristorante è coperto da un sontuoso arazzo illusionistico di 145mq realizzato dalla figlia di Starck, Ara. In un altro ristorante parigino di Starck, il *Bon*[11], è presente un'ulteriore ossessione tipica di Dalì: il rinoceronte, la cui testa "perturbante" sporge improvvisamente dalla parete. Sempre nel *Bon*, Starck introduce anche arredi e oggetti di un altro artista, da lui molto apprezzato, con forti ascendenze surrealiste: l'italiano Piero Fornasetti. Personaggio eclettico capace di esprimersi attraverso un linguaggio ricco di riferimenti culturali e travisato da un'aura magica straniante, Fornasetti[12] era ossessionato da un

Barnaba Fornasetti, "Identità violata", 2004. Sedia Ero's di Philippe Starck per Kartell. Prototipo non realizzato. Courtesy Fornasetti.

Magritte, *Les valeurs personnelles*, 1952
Philippe Starck, St. Martin Lane, Londra, 1999

immaginario onirico in cui è onnipresente l'astrazione del volto del soprano Lina Cavalieri, sua musa ispiratrice. Secondo Starck[13], è sufficiente introdurre anche un solo oggetto di Fornasetti in un ambiente per aprire un "varco" dal quale si è immediatamente risucchiati in un mondo di fantasia, come in *Alice nel paese delle meraviglie*. Le creazioni di Fornasetti, con i loro *trompe d'oeil* tridimensionali, fungono quindi da "catalizzatori" del perturbante, essendo capaci di far "vibrare" un ambiente.

Starck utilizza una sua immagine a forte connotazione erotico-surrealista anche per un prototipo della sedia *Ero's*[14], dove viene riprodotto il caratteristico *Bacio* fornasettiano. L'iconografia surrealista è presente anche nello schienale degli sgabelli Louis Ghost del bancone bar del Sanderson Hotel a Londra, dove è riprodotta la foto di un occhio femminile opera del fotografo Ramak Fazel.

Un espediente comunemente utilizzato da Starck in molti suoi interni è il fuori scala. Nelle camere dell'Hotel Paramount di New York, di dimensioni inferiori rispetto agli standard internazionali dell'industria alberghiera, egli inserisce degli oggetti sovradimensionati, come i grandi quadri con riproduzioni di Vermeer, che riempiono oltre misura lo spazio conferendo all'ambiente una dimensione straniante, che ricorda quella prodotta nell'osservatore dal noto dipinto di Magritte, *I valori personali* del 1952. Egli ricorre spesso a questo stratagemma[15] per creare arredi originali: denti d'oro giganti che diventano sedili nella lounge dell'Hotel St. Martin Lane a Londra, enormi vasi da fiori o sedute *ottoman* e tavoli lunghissimi, dove oltre all'effetto spaesante dato dalla dimensione fuori scala viene favorita anche la socializzazione. La lunghezza esagerata di questi arredi disegna delle linee di fuga che producono una tensione che anima l'ambiente, amplificandone la prospettiva scandita dal ritmo delle sedute uniformemente allineate lungo i tavoli.

Philippe Starck, Ristorante dell'hotel Mondrian, Los Angeles, 1996

Per citare un esempio, nel primo progetto del 2000 del ristorante *Bon* a Parigi, Starck realizza un tavolo alto come un bancone bar (110cm), al quale clienti singoli o piccoli gruppi di persone possono sedere, da entrambi i lati, su alti sgabelli per cenare tutti insieme in una tavolata comune[16]. La particolare configurazione del tavolo-bancone, consentendo alle persone di sedersi accanto e l'una di fronte all'altra, facilita la conversazione e permette ai clienti di socializzare. Questa particolare soluzione è proposta da Starck in molti suoi ristoranti per consentire ai clienti singoli di partecipare al rito collettivo del pasto senza essere costretti a cenare tristemente da soli al tavolo o al bancone del bar, senza nessuno di fronte con cui chiacchierare, all'infuori del barman.

La soluzione del tavolo alto con gli sgabelli, che Starck reinventa in allestimenti *glamour* come quello del ristorante dell'hotel Mondrian di Los Angeles (1996), dove il ripiano è formato da una lunga lastra di onice translucido illuminato, ha avuto un notevole successo ed è stata successivamente imitata da molti designer[17].

Philippe Starck, sala libreria del ristorante Bon, Parigi, 2008 e carta da parati *Ex Libris* di Fornasetti by Cole and Son. Courtesy Fornasetti

L'allestimento di scenografie surrealiste porta Starck a inventare effetti illusionistici circensi, avvolgendo perimetralmente le stanze con tendaggi arricciati che alludono alla presenza di qualcosa che in realtà non c'è (altre stanze o finestre), creando la percezione illusoria dell'esistenza di altri spazi, come nel ristorante Bon del 2000. Qui tendaggi da palcoscenico, rivestimenti imbottiti *capitonné*, creano allusioni tattili che richiamano le atmosfere intime di un *bodoir*. Nella ristrutturazione dello stesso ristorante eseguita nel 2008, egli aggiunge una libreria "virtuale" a *trompe d'oeil*, rivestendo le pareti di una stanza con pannelli fotografici raffiguranti libri. Starck realizza qui un'operazione tipicamente "fornasettiana" dove i libri, utilizzati per il loro valore meramente decorativo e non come reali strumenti di conoscenza, diventano una metafora ironica dell'odierno rapporto superficiale con la cultura, della quale è "chic" circondarsi. L'ironia è una delle armi preferite di Starck, che non esita a chiamare la sala per fumatori

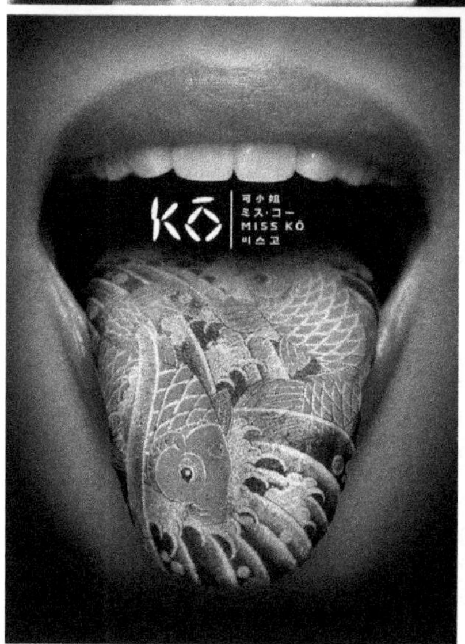

Philippe Starck, Miss Kō, Parigi, 2013

Philippe Starck, Miss Kō, 2013

Philippe Starck, Bon, Parigi, 2000

del ristorante con l'appellativo macabro di *pièce de la mort*, "stanza della morte".

Un altro espediente illusionista, largamente diffuso in architettura d'interni, è l'utilizzo di specchi. Lo specchio può essere utilizzato per amplificare lo spazio, creando un'illusione di profondità, oppure per consentire giochi di riflessi e rimandi, che possono anche favorire pratiche voyeuristiche.

Già nel ristorante dell'Hotel Royalton di New York, nel 1988[18], Starck aveva collocato perimetralmente alla sala, delle bande a specchio ad altezza d'occhio, che permettevano ai clienti di spiare gli altri commensali, spaziando con lo sguardo non soltanto verso i tavoli collocati di fronte all'osservatore, ma curiosando anche verso i tavoli posti alle loro spalle, o lateralmente. Questo stratagemma oltretutto, consentiva all'uomo, come prevede il galateo, di cedere alla donna il posto con la vista migliore e le spalle rivolte al muro, senza per questo rinunciare ad avere una posizione di controllo visivo, "dominante", sul resto della sala.

L'aspetto voyeuristico, insieme all'immanente pulsione "vitale" verso la socializzazione, sono per Starck una costante fondamentale, declinata in un gran numero di realizzazioni. In un nuovo concept di ristorazione, *Le paradis du fruit*, egli posiziona lungo le pareti dei grandi specchi leggermente inclinati verso il basso[19]. Questa particolare collocazione consente a chi sta seduto di fronte ad essi di cogliere a colpo d'occhio una veduta complessiva, *a volo d'uccello*, di tutta la sala, permettendo di raggiungere con lo sguardo anche i tavoli più lontani che altrimenti non sarebbero visibili.

Philippe Starck, Le Paradis du Fruit, av. Wagram, Parigi, 2012

In questi progetti di Starck, tutto sembra attentamente calcolato per esaltare la dimensione sociale dell'individuo, il quale viene costantemente invitato a relazionarsi ed interagire con gli altri per partecipare al rito della cena, concepita come una sorta di grande rappresentazione "teatrale" collettiva. Nei ristoranti più eleganti, come il *Bon*, atmosfere ricercate richiamano alla mente i cerimoniali dei banchetti barocchi, con riferimenti alle scenografie dei film di Kubrick[20].

Philippe Starck, Miss Kō, Parigi, 2013

Una delle fonti d'ispirazione più evidenti è l'atmosfera straniante dell'appartamento che compare nelle scene finali di *2001 odissea nello spazio*, il cui pavimento luminoso ricompare – identico - nella lounge dell'hotel Hudson di New York. Il riferimento a Kubrick è presente anche nella luce tremula dei candelabri del ristorante *Bon*, capaci di evocare le atmosfere a lume di candela di *Barry Lyndon*[21].

Un'altra efficace ispirazione cinematografica è presente nel *Miss Kō* di Parigi (2013), pervaso dall'ambientazione cyberpunk di *Blade Runner*, con i monitor incassati nella *table d'hôte* che trasmettono immagini di telegiornali asiatici, i neon colorati ed il bancone con il cibo esposto in fondo alla sala, che ricorda le postazioni di street food dei mercati giapponesi.

Nelle realizzazioni recenti dal carattere più *funky*, l'accento è posto, oltre che sulla persistente socialità, anche su aspetti ludici.

Nel ristorante *Mama Shelter* di Parigi (2008), i clienti sono accolti in un'atmosfera calda e informale, simile a un kibbutz contemporaneo, dove è favorita la socializzazione tra grandi tavoli di legno grezzo,

Philippe Starck, Mama Shelter, Marsiglia, 2012

Philippe Starck, Mama Shelter, Lione

arredi vintage, graffiti sui soffitti e grandi bigliardini dove si può giocare in otto persone. Il nome del locale significa letteralmente "rifugio di mamma", un luogo dall'atmosfera accogliente, dove però gli ospiti sono messi inaspettatamente di fronte a qualcosa che è familiare e allo stesso tempo inconsueto e spiazzante, come la lunga *table d'hôte* del bancone per trenta persone, dove clienti che non si conoscono possono ritrovarsi insieme per consumare i piatti dello chef Alain Senderens, socializzando tra di loro.

La dimensione umana e sociale è fondamentale in questo progetto di Starck. Come egli stesso afferma, Mama Shelter rappresenta la visione di una storia: *"Una storia umana, un incontro, una profonda amicizia, persone che si amano reciprocamente. Questo è il punto di partenza di tutto"*. Per questo motivo nel Mama Shelter di Marsiglia, aperto nel 2012, la componente legata al gioco diventa dominante, e viene introdotto anche un tavolo da ping pong, oltre nuovamente al bigliardino extra-lungo, secondo la consueta tecnica "surrealista" del sovradimensionamento degli arredi. In questo caso, la sorpresa per l'avventore è anche quella di trovare, all'interno di una sala ristorante la cui funzione abituale dovrebbe essere semplicemente quella di luogo destinato al consumo dei pasti, elementi inaspettati come tavoli da ping pong e altre attrezzature ludiche.

In base a quanto fin qui illustrato, il tentativo di stilare un elenco degli espedienti e delle particolari soluzioni utilizzate da Starck nei suoi progetti di interni potrebbe rivelarsi un'operazione lunga ed aleatoria, data la natura peculiare ed inafferrabile dei processi creativi da lui realizzati. Sono stati comunque esposti alcuni fondamentali aspetti caratterizzanti dei suoi progetti di interni: il surrealismo illusionista, la teatralizzazione dello spazio e la pulsione alla socializzazione. Questi fattori di norma coesistono simultaneamente e fanno parte di un *modus operandi* più ampio e complesso, che completa la poetica starckiana.

Senza la pretesa di esaurire in questa sede la complessità dell'argomento, cercheremo di elencare sinteticamente alcune costanti della sua pratica progettuale.

Innanzitutto, nella progettazione dei suoi interni, vi è una tendenza generalizzata al *gesamtkunstwerk*. Starck controlla tutto, dal più minuto oggetto di complemento, agli arredi e opere d'arte fino alla progettazione degli spazi interni includendo, in quelle occasioni in cui gli è stato possibile, il progetto dell'intero edificio[22].

Un'altra caratteristica intrinseca nella creazione di forme e spazi "socializzanti" riguarda la percezione di una sorta di "pulsione verso la vita", presenza immanente e manifesta dell'*eros*. Mentre tanti artisti e designer si perdono nel nichilismo del vuoto, dell'assenza e del concettuale, Starck crea forme piene e vitali, anche minimali, ma che «magnificano la loro pura presenza nello spazio»[23]. Una scenografia ludica, in antitesi rispetto al rigido rigore razionalista, dove Starck riconcilia l'utile al bello realizzando nei suoi allestimenti una sorta di "sublimazione emozionale".

Di conseguenza è essenziale, per il ruolo svolto nei suoi interni, la concezione formale dei singoli arredi. Le forme organiche di molti oggetti esprimono una vigorosa tensione emotiva e spesso nascono dalla trasfigurazione zoomorfa di riferimenti provenienti dalla natura: gli sgabelli del bar del Royalton di New York rievocano meduse giganti, il *W.W. Stool*, futuristico sgabello progettato per il set cinematografico del

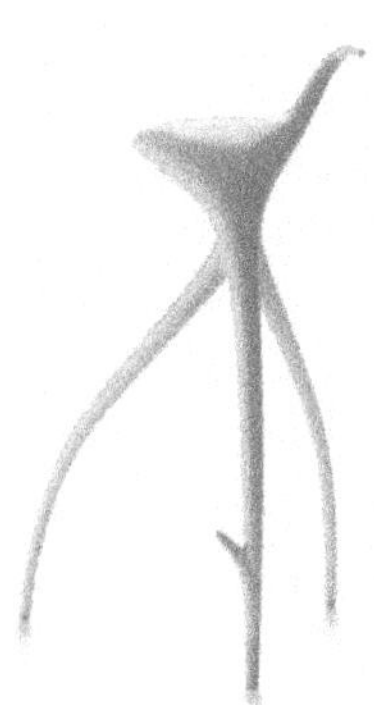

Philippe Starck, W.W. Stool, Vitra AG, Basel 1990

film *Fino alla fine del mondo* del regista Wim Wenders, è simile ad un animale fantastico che sembra un cammello in movimento. Le lunghe e sottili gambe dello sgabello ricordano anche quelle degli elefanti-giraffa, tema ricorrente nella pittura di Dalì[24].

Al riferimento formale si aggiunge in questo caso anche l'instabilità apparente che crea stupore e spaesamento. L'equilibrio precario del *W.W. stool*, sostenuto su tre sole gambe, come già per le sedie del Café Costes e per la stessa sedia disegnata da Dalì, crea una tensione[25]. Ritroviamo qui nuovamente la pulsione verso la vita delle forme in movimento, forme già conosciute alle quali vengono associate nuove funzioni.

Quando si trova a dover inserire in un ambiente degli insiemi di oggetti e arredi Starck mostra, riguardo all'aspetto formale, un approccio variabile a seconda del caso. Nella sua opera di designer, una prassi tipica è la reiterazione della forma che in maniera frattale si ripete a scala diversa in oggetti con funzioni differenti. Un esempio è dato dalla tipica forma a corno della lampada Flos Arà, che ritroviamo mutata di scala e funzione in una varietà di oggetti, dai portafiori del Royalton fino alla Motò Aprilia[26].

Più recentemente, in altre sistemazioni di interni Starck ha utilizzato un approccio diverso: invece di prevedere, com'è normalmente consuetudine in determinati casi, serie di oggetti identici (ad esempio le sedie attorno ad un tavolo), mescola nello stesso spazio elementi con la stessa funzione ma di forma differente. Nel tavolo alto del ristorante dell'hotel Mondrian a Los Angeles, egli allinea trentasei sedie tutte diverse[27].

La trasgressione della regola convenzionale che normalmente porterebbe l'architetto a utilizzare sedie identiche produce spaesamento, un *chaos* capace di generare un nuovo ordine basato sul dis-ordine calcolato. L'ampiezza della visione di Starck gli consente di mischiare nei suoi interni arredi da lui disegnati con opere di altri maestri come Alvar Aalto, Ray e Charles

Philippe Starck,Royalton Bar Stool, 1998
David Whitney Collection

Eames, Arne Jacobsen, Ingo Maurer (altro designer dal linguaggio surrealista), Gaudì, oltre al già citato Fornasetti e tanti altri, insieme a mobili in stile Luigi XV, raggruppati in scenografie composite con pezzi vintage e di derivazione industriale[28].

Il controllo della presenza simultanea di oggetti eterogenei nello spazio e il loro bilanciato mescolamento consente a Starck, il quale ama definirsi un realizzatore di scenografie "cinematografiche"[29], di creare, con un sapiente connubio a-temporale, un compendio efficace del suo personale vocabolario, che viene presentato all'osservatore in una sequenza dinamica di immagini rivelata gradualmente attraverso un'accurata regia.

L'immagine da bazar contemporaneo scaturita dal suo immaginario fantastico confonde l'osservatore, suscitando quella particolare sensazione di straniamento e *pathos* che rende la fruizione dei suoi spazi un'esperienza emotiva unica.

1. Come è noto, la critica di architettura ha considerato Starck per lungo tempo una figura anomala e provocatoria, un outsider che, contrariamente ai razionalisti ortodossi, ha rifiutato la radicale contrapposizione tra arte decorativa e design.

2. Cfr. Cristopher Mount, *Starck in America*, in "Scritti su Starck", Postmedia Books, 2004, p.56

3. Il Paramount hotel è stato di recente oggetto di una ristrutturazione radicale completata nel 2013 che ha completamente smantellato gli interni realizzati da Starck nel 1990, ridisegnando gli spazi in stile neo-*déco*.

4. Cfr. Michel Onfray, *Anatomia di alcuni sortilegi*, in "Scritti su Starck", op. cit., p. 61

5. Cfr. Crespi Luciano, *Interni perturbanti: Philippe Starck*, in Crespi L., "Da spazio nasce spazio", Postmedia Books, 2013

6. Storico dell'architettura e preside della Cooper Union School of Architecture di New York fino al 30 giugno 2013

7. Sigmund Freud, "Il perturbante", 1919, in *Saggi sull'arte a letteratura e il linguaggio,* Bollati Boringhieri, Torino, 1969

8. Cfr. Brigitte Fitoussi, *Fornasetti, conversation avec Philippe Starck,* Assouline, Parigi, 2005, pp.5-21

9. Cfr. Sophie Trelcat, *L'architettura secondo Philippe Starck*, in "Scritti su Starck", op. cit., p.25

10. La sedia di Salvador Dalì si regge su tre sole gambe, in equilibrio apparentemente labile, come in molte sedute di Starck, tra cui le poltroncine per il café Costes.

11. Si fa qui riferimento al progetto di ristrutturazione del ristorante curato da Starck nel 2008, che ha trasformato significativamente il progetto originario da lui realizzato del 2000.

12. Piero Fornasetti (1913-1988), pittore, scultore, decoratore e stampatore, lavora a contatto con alcuni grandi artisti italiani come Giorgio De Chirico, Giacomo Manzù e Lucio Fontana. Di particolare interesse è

la collaborazione, a partire dal 1940, con Giò Ponti, che porterà alla realizzazione di diversi arredi e progetti di interni. Dopo la morte di Fornasetti, nel 1988, l'azienda familiare è condotta dal figlio Barnaba, che continua la produzione tradizionale aggiornandola con nuove creazioni.

13. Cfr. Brigitte Fitoussi, *op. cit,* p.11.

14. Starck disegna la sedia Ero'S (Kartell 2001) come omaggio a Eero Saarineen, citando la Tulip Chair, dove "Ero" sta per Eero (Saarinen), ma eros significa "amore", dove la "S", enfatizzata, richiama il nome di "Starck". Cfr. Dario Russo, *Il lato oscuro del design*, 2013

15. Starck non è il solo ad utilizzare lo stratagemma "straniante" del sovradimensionamento degli oggetti. Prima di lui, basti ricordare le tante collaborazioni tra Frank Gehry, Claes Oldemburg e Coosje Van Bruggen (es. Chiat Day Building a Los Angeles). Un altro designer che più recentemente ha utilizzato il fuori scala nei suoi interni, e in cui è evidente l'influenza dello stesso Starck, è Marcel Wanders.

16. Starck utilizza in questo caso dei leggerissimi sgabelli in alluminio della ditta americana Emeco, che egli ha ridisegnato nel 1999 rieditando, con minime variazioni, un classico modello di sedia prodotto nel 1944 per l'esercito statunitense. Cf. Cristopher Mount, *Starck in America*, op. cit., p.54

17. Questa soluzione è oggi comunemente diffusa a livello globale. Tra i tanti esempi che varrebbe la pena citare segnaliamo l'elegante ristorante *Messa* di Tel Aviv, dell'architetto Israeliano Alex Meitlis.

18. Anche questo hotel, con il ristorante annesso, è stato ristrutturato da Roman and Williams nel 2007, nello stile neo art déco atualmente imperante nella grande mela. Nulla rimane degli originali interni di Starck.

19. In particolare, questa soluzione è adottata nel ristorante *Paradis du fruit* di avenue Wagram, a Parigi. *Paradis du fruit* è una catena presente in tutta la Francia.

20. Cfr. Christine Colin, *Starck e la Francia. Starck fa scuola?,* in "Scritti su Starck", op. cit., p.36. Vedi anche la videointervista di Starck *Bon I aprés rénovation*, su www.starck.com.

21. Le riprese di notturne di *Barry Lyndon* furono effettuate senza l'ausilio di luce artificiale, utilizzando la sola luce delle candele per consentire una più realistica ricostruzione storica. Cf. Mario Falsetto, *Stanley Kubrick: A Narrative and Stylistic Analysis*, New York, Greenwood Press, 2001

22. Per un maggiore approfondimento sull'opera architettonica di Starck, vedi: Franco Bertoni, *Philippe Starck: l'architecture*,

23. La definizione è di Michel Onfray, che parla a proposito di "giubilo materiale". Cfr. M. Onfray, op. cit., p. 61

24. Gli elefanti-giraffa compaiono in varie opere di Dalì tra cui: *Sogno causato dal volo di un'ape attorno a una melagrana, un attimo prima del risveglio* (1944) e *La tentazione di Sant'Antonio* (1946).

25. cfr. Valérie Guillaume, *Leggere e s-leggere l'oggetto*, in "Scritti su Starck", op. cit., p. 20

26. cfr. Vanni Pasca, *Il periodo italiano di Philippe Starck*, in "Scritti su Starck", op. cit., p. 47

27. cfr. "Domus", n.794, giugno 1997, p.59.

28. vedi anche: Valérie Guillaume, op.cit., p.20

29. cfr. videointervista *Bon I aprés rénovation*, su www.starck.com

Jean Nouvel, Sofitel Vienna Stephansdom, 2011
Sala ristorante con interventi ai controsoffitti di Pipilotti Rist

o *Caratteri generali*

La definizione comune di ristorante è quella di locale per il consumo del cibo con servizio al tavolo, dotato di menu comprendenti un numero adeguatamente ricco e vario di portate. Di norma, un ristorante di dimensione media possiede un numero di posti a sedere per il pubblico corrispondente ad almeno sessanta-ottanta coperti[1]. Ogni ristorante possiede caratteristiche diverse in relazione al menù proposto, al tema del locale, al prezzo delle portate ecc. Negli anni, la tipologia del ristorante è stata declinata in una moltitudine di tipi diversi: dal caffè-ristorante al ristorante etnico, dalla steakhouse, al ristorante annesso ad un albergo o a un museo, e così via. Per motivi di spazio non è possibile, in questa sede, analizzare nel dettaglio le caratteristiche specifiche di tutte le diverse tipologie di ristoranti[2]. Tuttavia, in generale e con una certa approssimazione, è possibile operare una distinzione tra i seguenti macro-generi:

o ristorante gourmet di lusso, gestito da chef stellati, con menù di norma ricco e prezzi elevati. Il servizio in questi locali deve essere impeccabile e il tempo di permanenza per il consumo del pasto elevato;

o ristorante di fascia media, con un menù solitamente più limitato, tempi di permanenza inferiori e conseguente maggiore ricambio di clienti; in alcuni casi il livello dell'esercizio può essere particolarmente elevato, con la preparazione di specialità culinarie come piatti di pesce, ecc;

o ristorante economico, con menù standardizzato e prezzi bassi (spesso offrono menù turistici); il servizio è rapido ed il ricambio elevato.

o Pizzerie, particolarmente diffuse in Italia (ma non solo), a volte offrono anche un servizio base di ristorazione. Il prezzo è solitamente basso (ma sono sorte in tempi recenti molte pizzerie trendy con prezzi sopra la media). Il tempo di permanenza per il consumo è solitamente ridotto.

Esistono altre tipologie di esercizi per la ristorazione che non prevedono il servizio ai tavoli, come i *fast food* o i ristoranti all'interno delle stazioni di servizio autostradali. In questo tipo esercizio il servizio è al banco, e il pubblico si siede con le portate direttamente ai tavoli liberi. Il menù è standard con prezzi medio-bassi e vi è un ricambio a pasto molto elevato.

Un discorso a parte va fatto per i ristoranti all'interno di musei, resi possibili in Italia con la legge Ronchey (Legge 14 Gennaio 1993 n°4). Una realizzazione di riferimento in questo campo è il ristorante Georges, all'ultimo piano del Centre Pompidou a Parigi, aperto nel 2000 e progettato da Jakob e Mac Farlaine[3].

Concepito come un luogo di sosta e di relax, dove riposare dopo una lunga visita al museo, il ristorante è rivolto principalmente alla sua clientela, interessata all'arte ed al design. Il layout interno, in questo caso, è influenzato dalla particolare collocazione all'ultimo piano dell'edificio, con un panorama mozzafiato visibile sia dalla terrazza esterna sia dal suo interno, grazie alla trasparenza del suo involucro. All'interno, quattro "nuvole" di alluminio contengono spazi semi-privati con diverse funzioni: guardaroba, servizi igienici, sala per cene private e infine nell'ultima nuvola, più "trasparente" e aperta delle altre, l'area bar, che svolge anche la funzione di luogo di attesa per coloro che aspettano di sedersi al tavolo.

Nella categoria dei ristoranti panoramici, vanno citati anche i numerosi ristoranti realizzati all'ultimo piano di hotel e in particolare gli spettacolari *revolving restaurant* inventati dall'architetto John Portman negli Stati Uniti. Il primo ristorante di questo tipo, realizzato su una piattaforma sospesa che ruota lentamente sull'unico pilastro centrale di sostegno, fu il Polaris, aperto sul tetto dell'hotel Hyatt Regency di Atlanta nel 1967. La straordinaria esperienza offerta ai clienti, che potevano godere di un panorama mutevole a 360° della città, condusse Portman a realizzare numerosi altri ristoranti di questo tipo all'ultimo piano di vari hotel, tra cui ricordiamo il The View, tuttora attivo, all'ultimo piano dell'hotel Marriot Marquis di Times Square a Manhattan.

Tra i ristoranti panoramici realizzati all'interno di alberghi[4], va citato anche il ristorante all'ultimo piano dell'hotel Sofitel Stephansdom di Vienna, progettato da Jean Nouvel, con un'atmosfera unica caratterizzata dagli spettacolari e coloratissimi controsoffitti luminosi realizzati dall'artista svizzero Pipilotti Rist.

Ristorante Asola, Milano, 2014

Altri tipi di locali per la ristorazione mixano l'esperienza del cibo con l'entertainment (a volte a discapito della qualità del primo), essendo annessi a discoteche, sale concerto o altre tipologie di locali.

Negli ultimi anni sono sorti un'infinità di nuovi concept per la ristorazione, che a seconda dei casi possono avere le caratteristiche del ristorante di lusso, di fascia media, o economico.

Particolarmente dinamica, a proposito, la scena milanese in previsione dell'EXPO del 2015, dedicato al tema del food. Tra i tanti esempi, un recentissimo ed interessante concept che fa incontrare il mondo del food con quello della moda è il nuovo ristorante Asola, al nono piano del Brian&Barry Building San Babila a Milano. Qui la cucina italiana è interpretata con la medesima cura sartoriale che si dedica a un abito su misura, perché per lo chef Matteo Torretta *haute couture* e *haute cuisine* sono due facce della stessa medaglia. Il layout del ristorante è molto innovativo, con una totale trasparenza delle cucine dove si realizza un'iterazione diretta tra lo chef e i commensali seduti attorno all'ampio bancone, per i quali vengono confezionati piatti "su misura". La particolare collocazione del ristorante, all'ultimo piano dell'edificio, offre anche una vista panoramica della città, fruibile dai tavoli posti lungo le pareti vetrate o dalla terrazza esterna.

◦ Definire il *mood*

La prima azione fondamentale da affrontare nel progetto del ristorante è la definizione del *mood* del locale, cioè del suo carattere, dell'immaginario e del target ad esso collegato. La percezione del *mood* è legata ad esperienze di tipo sensoriale e a riferimenti culturali, che si riflettono all'immagine dello "stile" di vita che viene associato al locale. La definizione di questo immaginario è materiale fondamentale per l'elaborazione del progetto del ristorante, sia per quanto riguarda l'interior design che per gli aspetti architettonici dell'articolazione spaziale dei suoi ambienti, ed è indispensabile mettere a fuoco in maniera chiara queste caratteristiche intrinseche del concept che si rifletteranno nel progetto di immagine coordinata del ristorante.

Anche in Italia, paese in cui la ristorazione ha un'identità forte e molto caratterizzata in senso tradizionale, si sono ormai affermate negli anni diverse tipologie di ristoranti ispirati a *mood* diversi.

Questo tipo di esercizi è presente soprattutto nelle grandi città e presenta a volte una tendenza a privilegiare l'aspetto legato all'esperienza piuttosto che quello gastronomico. Nei casi più riusciti, si cerca di offrire al cliente un'esperienza multisensoriale che arricchisce ulteriormente quella del pasto. I concept innovativi ed originali sviluppati dagli studi di progettazione sono innumerevoli.

Sia che si tratti di un progetto per un singolo ristorante che del design della corporate image per una catena, è necessario approfondire alcuni aspetti basilari comuni quali:

◦ disponibilità di un budget adeguato, a seconda della tipologia di ristorante
◦ forte caratterizzazione identitaria e marketing aggressivo
◦ studio di fattibilità che analizzi il potenziale target di riferimento per il sito specifico in cui si intende aprire il ristorante.

La scelta del tipo di ristorante da realizzare dovrà scaturire da un'attenta analisi dei fenomeni sociali e di costume in atto nello specifico contesto urbano in cui si aprirà l'esercizio. Partendo dallo studio dei potenziali target presenti nella città, bisognerà valutare anche l'attrattività del quartiere o della via in cui sarà localizzato il ristorante rispetto al mercato di riferimento. Un ristorante chic-glamour potrebbe essere fuori luogo o poco accessibile se situato in una zona periferica frequentata dalla movida più underground, mentre potrebbe essere appetibile se situato nel centro storico o in un'altra zona elegante della città.

Una case-history esemplare per capire l'importanza del luogo scelto per il successo del ristorante è la vicenda del famoso Café Costes di Philippe Starck a Parigi. Quando il caffè aprì, nel 1984, la clientela che frequentava il quartiere delle Halles era più raffinata di quella odierna. Nel corso degli anni successivi, iniziarono ad aprire nei dintorni fast food e negozi di abbigliamento economico per turisti che snaturarono l'atmosfera del quartiere. Il lento degradare del contesto sociale, col diffondersi di prostituzione e delinquenza nei dintorni, convinse i gestori a prendere la drastica decisione di chiudere il locale[5].

L'analisi delle tendenze culturali del luogo in cui si opera è sempre fondamentale per comprendere i riferimenti emotivi che il mood del locale potrà evocare, suscitando emozioni nella clientela. Tali riferimenti possono richiamare le mode giovanili (moda, musica, cinema, ecc.) oppure suscitare associazioni a ricordi positivi dell'immaginario collettivo (la cucina "di una volta"; locande storiche) a luoghi lontani (ristoranti Newyorkesi, Francesi, Asiatici, Caraibici, Brasiliani, ecc.)[6]. Altri riferimenti possono evocare dimensioni ludiche, oniriche e circensi (è il caso di alcuni ristoranti di Starck), oppure semplicemente essere luoghi di sperimentazione delle ultime frontiere del design contemporaneo. Il campo dei possibili riferimenti cui attingere per il progetto del ristorante è pressoché infinito, e dalla combinazione di fonti d'ispirazione diverse, capaci di suscitare associazioni con la varietà delle emozioni umane, è possibile creare concept originali e di successo.

A seconda del tipo di ristorante e della tipologia di clientela cui è destinato, sarà necessario calibrare i costi e conseguentemente il budget per il progetto e la qualità del servizio.

Particolarmente importante è il tempismo dell'investimento[7]. Un determinato trend dei gusti della clientela può infatti avere vita molto breve ed esaurirsi nell'arco di pochi anni. È importante quindi entrare nel mercato nel momento giusto. Si ricorda che il design del ristorante ha una longevità limitata nel tempo, di solito non superiore a circa 5/6 anni, oltre i quali i gestori prendono in considerazione la necessità di ristrutturare i loro locali, per restare al passo con i tempi e non perdere quote di mercato rispetto alla concorrenza. Di conseguenza è necessario avere certezza delle tempistiche necessarie per l'apertura dell'esercizio e del perdurare della domanda per quel particolare tipo di ristorante.

Il mood scelto sarà enfatizzato con un approccio polisensoriale, che oltrepasserà i confini del semplice progetto di immagine coordinata, creando un'atmosfera immersiva che circondi a 360° l'utente stimolando tutti i sensi secondo le seguenti modalità:

○ Vista: l'interior design dovrà interpretare al meglio il mood, ricostruendo o narrando una storia, consentendo l'esperienza di un viaggio immaginario, verso mondi di fantasia.
○ Udito: sarà presente un'adeguata musica di sottofondo, non troppo forte per non disturbare la conversazione. In alternativa è possibile creare atmosfere sonore capaci di ricostruire l'ambientazione originale del tema scelto per il ristorante, riproducendo il rumore dell'acqua, della pioggia, il canto di uccelli esotici, il rumore del vento, ecc.
○ Olfatto: i diffusori di essenze, oggi disponibili in diverse forme e tecnologie, consentono di diffondere nell'ambiente gli odori della natura, o di spezie esotiche provenienti da terre lontane.
○ Tatto: l'aspetto tattile è di fondamentale importanza. L'utente dovrà essere invitato a toccare le superfici, scegliendo materiali seducenti come pelli raffinate, tessuti morbidi, ma anche vetro, marmi, metalli ecc. che possono fornire sensazioni inaspettate.
○ Gusto: *last but not least*, il più importante dei sensi per un ristorante non deve essere ovviamente trascurato. La qualità del cibo, gourmet, vegano o etnico che sia, dovrà ovviamente essere sempre l'aspetto prioritario per qualsiasi concept di ristorazione.

Il ristorante deve essere capace di cogliere la continua evoluzione dei gusti del pubblico. Sempre più persone oggi consumano pasti al di fuori degli orari convenzionali del pranzo o della cena ed i ristoranti tendono a restare aperti fino a tarda sera. Queste abitudini alimentari cambiano fortemente da paese a paese. L'Italia conserva una propria cultura gastronomica molto radicata, ma anche nel nostro paese si sono ormai diffuse alcune abitudini d'oltreoceano, come quella del brunch domenicale o di servizi ristorativi aperti in orari non convenzionali.

È necessario sottolineare come spesso, soprattutto in Italia, l'aspetto specifico della qualità design venga considerato da alcuni ristoratori secondario rispetto alla qualità della cucina. Certamente il successo di un ristorante è prioritariamente legato alla qualità del cibo, ma a parità di livello gastronomico, specie in località metropolitane a forte concorrenza, il cliente tenderà inevitabilmente a scegliere l'esercizio che possiede l'atmosfera più esteticamente gradevole, o quella che gli fornisce un'esperienza particolare. Pertanto la qualità del design (non necessariamente esclusivamente "contemporaneo" ma anche "tematico", per andare incontro alle tendenze del mercato) può essere considerato non come un sostituto della qualità gastronomica ma come un valore aggiunto in grado di costituire un vantaggio nei confronti della concorrenza.

Una volta definito il tema del ristorante, è necessario farlo divenire il punto focale del progetto subordinando ad esso l'intero progetto di interior design e di immagine coordinata, in una sorta di '*Gesamtkunstwerk*' contemporaneo.

Il nome del ristorante, il suo logo, la grafica utilizzata per ogni tipo di superfice o di suppellettile (menù, segnaletica, piatti, tazze, sottobicchieri, tovagliette, uniformi del personale, ecc.) dovrà fare parte di un unico progetto coordinato, insieme al *food design* delle portate ed all'ambiente musicale di sottofondo.

Nel progetto degli interni del ristorante, è consigliabile non caricare eccessivamente gli interni di arredi e finiture decorative. Quest'accorgimento non è finalizzato solo al contenimento del budget, ma anche ad evitare l'errore ricorrente di molti decoratori di interni che, sovraccaricando eccessivamente gli ambienti, realizzano spesso spazi pesantemente caratterizzati, che stancano velocemente. Questa indicazione potrebbe sembrare pleonastica a tante generazioni di architetti abituati ai rigorosi ambienti minimalisti di derivazione modernista, ma i ristoranti rappresentano un mondo a parte per l'architettura di interni, aperto al mercato di massa e con un immaginario ricco di riferimenti figurativi in cui le utopie razionaliste degli anni Venti non sono spesso applicabili.

○ *Il progetto del ristorante*

Nei ristoranti in franchising o appartenenti a catene, molti dati di progetto sono già definiti a priori, come il tipo di cibo e di servizio, gli orari di apertura, il tema e l'atmosfera generale, incluso il nome dell'esercizio, il logo e l'identità visiva. Quando si tratta invece di sviluppare un nuovo concept per un ristorante indipendente, il progettista e il gestore dell'esercizio dovranno risolvere tutti questi aspetti, necessari alla definizione dell'identità del locale, elaborando un articolato progetto di immagine coordinata. In particolare, il progettista dovrà approfondire la conoscenza degli aspetti operativi del servizio di ristorazione come organizzazione del menù, servizio ai tavoli e tecniche di preparazione del cibo. Gli aspetti fondamentali da prendere in considerazione nella progettazione sono:

- caratteristiche del target di riferimento
- concept (tipo di menù, stile del servizio, intrattenimento)
- componenti di design (atmosfera, scelta e sistemazioni dei tavoli, etc)
- funzionamento (orario di apertura, staff, etc)
- proiezioni finanziarie finali

TABELLA 1
Checklist per la progettazione dei ristoranti

Dati generali	*Layout generale*	*Design*
nome dell'esercizio	Sequenza di entrata	Atmosfera
location	Sistemazione tavoli	Finiture
capacità	Orientamento (viste verso lo	Tipi di sedute
orario di apertura	spazio interno e verso l'esterno)	Arredi speciali
descrizione del target di	Differenze di livello	Superfici finestrate
riferimento	Area per spettacoli/ballo	Illuminazione
proiezioni finanziarie	Accessi per la cucina ed i locali	Corredo dei tavoli
staff	di servizio	Opere d'arte e istallazioni
Food & Beverage concept	Layout	Uniformi
Menu	Postazione maître	Immagine coordinata
Stile di servizio	Cassa	Equipaggiamenti speciali
Esposizione di cibi/vini	Buffet self-service	Area showkitchen
Enfasi da conferire al lounge	Postazioni di servizio	Attrezzature per il bar
bar	Esposizione di cibi/vini	Carrelli per cibi/bevande
Showkitchen	Showkitchen	POS per carte di credito/
Atmosfera	Servizio bar	bancomat
Intrattenimento		TV/video ed impianto di
		diffusione sonora
		Internet Wi-fi

La sala del ristorante può prevedere un allestimento variabile a seconda dell'occasione, con un'atmosfera casual o business a pranzo, o intima e formale a cena. Questo risultato può essere raggiunto grazie alla possibilità di approntare diversi setup nella stessa sala, separando virtualmente le aree dello stesso ambiente: si possono raggruppare un certo numero di coperti vicino alle pareti finestrate, un altro gruppo attorno al buffet o in uno spazio-alcova semi-privato, e così via. L'operatore potrà trasformare l'atmosfera di una sala da un pasto all'altro, calibrando l'illuminazione artificiale tramite dimmer, oppure chiudendo del tutto o parzialmente gli oscuranti delle finestre, in modo da regolare l'afflusso di luce naturale. La presenza di un sottofondo musicale è indispensabile per conferire al ristorante un'atmosfera ricercata o informale, a seconda delle preferenze, e per coprire la fastidiosa presenza delle voci dei commensali intenti a conversare. Questo, in assenza di musica ed in grandi ambienti dall'acustica scadente, può risultare particolarmente irritante e rende necessaria la scelta di materiali fonoassorbenti o di soluzioni architettoniche quali pareti-filtro divisorie, tendaggi o pavimenti in grado di migliorare il confort acustico.

Un espediente utilizzato per variare il layout della sala ristorante in funzione delle diverse esigenze è quello di utilizzare partizioni costituite da pareti mobili, che permettono di dividere le grandi sale e di variarne l'articolazione, creando zone più intime che potranno essere separate dalle aree dove invece ceneranno gruppi di persone per cene aziendali o ricevimenti. Le luci della sala rappresentano un aspetto che deve essere progettato con cura da light designers specializzati. Esse devono svolgere sia un ruolo funzionale che emozionale: dall'illuminazione a giorno per eventi e cene aziendali/sociali a quella più intima, isolata su ogni tavolo per le cene *tête à tête*.

È necessario considerare che i gruppi di persone nei ricevimenti tendono a parlare a voce alta soprattutto quando la sala è illuminata a giorno. Se si abbassano le luci, si crea un'atmosfera più intima e si abbassa automaticamente anche il volume della voce dei presenti.

La *mise en place*, dovrà essere particolarmente curata e potrà essere diversa a pranzo e cena. Tanti designer si sono occupati di questo argomento. Tra tutti, vale la pena di citare la collaborazione di Alessandro Mendini con aziende del settore forniture[8] per ristoranti per la creazione di corredi cromaticamente coordinati per la tavola, capaci di conferire all'ambiente una forte caratterizzazione unitaria.

Claudia Scandura, Della Casa. Tovaglietta per cene galanti, 2014

Interessante a proposito, per il contenuto educativo, il progetto della tovaglietta "Della Casa" della designer Claudia Scandura, su cui è stampata la *mise en place* prevista nel "Galateo overo de' costumi", il trattato di buone maniere elaborato tra il 1551 e il 1555 dal Monsignor Della Casa. Il progetto incorpora la corretta tecnica di una cena ben condotta, e diventa un mezzo di divulgazione culturale, poiché la designer ritiene, citando Enzo Mari, che il design è tale solo se trasmette conoscenza[9].

Nel ristorante, la *mise en place* dei tavoli è parte essenziale del progetto di interior design. Pertanto, è necessaria un'attenzione particolare nella scelta dei corredi e degli abbinamenti dei coperti, che costituiscono una delle componenti basilari più importanti del mood del ristorante, insieme alle uniformi dei camerieri. Il ristorante deve possedere una propria identità visiva, che potrà essere "*soft*" oppure fortemente caratterizzata, definita tramite un progetto di immagine coordinata che riguardi tutte le sue componenti.

Migliorare l'aspetto delle portate o sviluppare piatti con combinazioni insolite di ingredienti, grazie all'apporto di uno chef rinomato, può garantire un risultato economico migliore oltre che essere un elemento di marketing fondamentale per il passaparola in città. Molti ristoranti cercano di promuovere i loro piatti in modi innovativi, attraverso presentazioni elaborate o preparandoli in spettacolari *showkitchen*. La cucina, infatti, invece di essere nascosta alla vista dei clienti, può diventare il punto focale del ristorante. La *showkitchen* è una cucina collocata direttamente all'interno della sala del ristorante, che consente ai clienti di assistere alle performance degli chef.

Sabrina Masala, ristorante Torre del Saracino a Vibo Equense. Sala ristorante con oblò sulla cucina

In questo caso, bisogna essere consapevoli che nel ristorante potranno arrivare anche odori e rumori che potrebbero infastidire i clienti. Alcuni tipi di cucina, come il sushi, si prestano particolarmente a questa soluzione senza particolari controindicazioni. In Giappone, i ristoranti tradizionalmente hanno la cucina a vista poiché i giapponesi, notoriamente molto attenti all'igiene, vogliono assistere alla preparazione del cibo. Tale pratica è però in uso anche in alcuni ristoranti di lusso, dove la clientela ha il piacere di vedere gli chef al lavoro, come ad esempio nel rinomato ristorante Parkhuus, all'interno dell'hotel Park Hyatt di Zurigo. La realizzazione di una cucina "esposta" può essere più costosa di una cucina standard per ristoranti. Le comuni spartane attrezzature metalliche di tipo industriale possono risultare non adeguate in questi casi, e può rendersi necessario utilizzare dei materiali di rivestimento o optare per degli equipaggiamenti dal design curato dal costo maggiore. Tra i materiali utilizzabili per i rivestimenti della showkitchen vi sono: rame, ottone, mosaico ceramico e vetroso, resine e pitture a smalto resistenti al calore. I materiali e le finiture utilizzate dovranno essere non soltanto facili da pulire, ma dovranno anche "trasmettere" una sensazione di pulizia e di assoluta igiene e cura, fondamentale per una positiva percezione del ristorante da parte del cliente.

La showkitchen sarà progettata in maniera da enfatizzare l'aspetto teatrale, rendendo la preparazione del cibo il punto focale della "messa in scena". Le componenti da valorizzare maggiormente sono in questi casi il bancone di fronte ad essa, dove clienti singoli o piccoli gruppi potranno consumare il pasto ammirando da vicino le performance degli chef, la parete che costituisce il fondale della loro azione, che potrà essere drammatizzata e animata da video proiezioni o dall'uso di particolari materiali riflettenti (specchi) o luminescenti. Alcuni architetti hanno sperimentato anche delle pratiche voyeuristiche all'interno dei loro ristoranti, consentendo ai clienti di "spiare" il lavoro degli chef all'interno della cucina senza che questi siano direttamente esposti nella sala ristorante. È il caso del ristorante Torre del Saracino di Vico Equense, progettato dall'architetto Sabrina Masala, in cui i clienti possono spiare il lavoro dello chef Gennaro Esposito attraverso alcuni oblò posizionati nella parete che separa la sala ristorante dalla cucina. Grazie ad un gioco di specchi, i cuochi appaiono capovolti, in un gioco di rimandi surreale in cui l'azione attorno ai fornelli si presenta come uno spettacolo convulso e frenetico.

La cucina può anche essere esposta all'esterno: è quello che ha fatto Marcel Wanders nel ristorante Blits a Rotterdam, dove dalla strada i passanti possono vedere i cuochi al lavoro. La showkitchen si apre alla città, diventando un evento dinamico della scena urbana.

Infine, vanno considerate le problematiche connesse alla razionalizzazione dei percorsi ed ai collegamenti con le cucine ed il *back of the house* (di cui parliamo nel capitolo successivo). Oggi nella maggior parte dei ristoranti gli ordini vengono inviati direttamente alle cucine tramite un portatile wireless, di solito un touchpad, dal personale addetto a prendere le comande al tavolo. Questo permette di semplificare i flussi in entrata e uscita dalle cucine, che devono essere nettamente separati.

Marcel Wanders, Blits restaurant, Rotterdam, 2005
Foto: Inga Polliweit

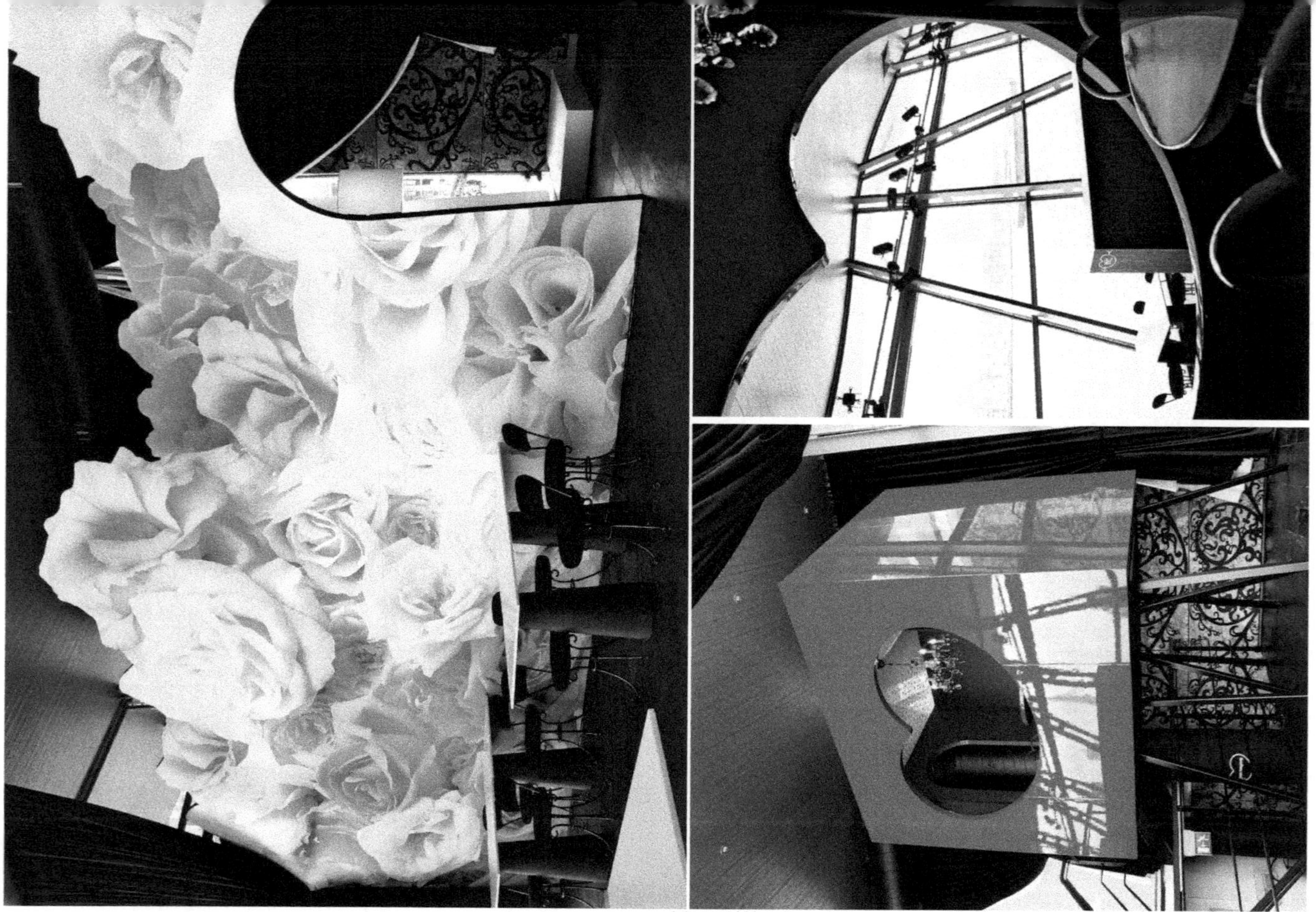

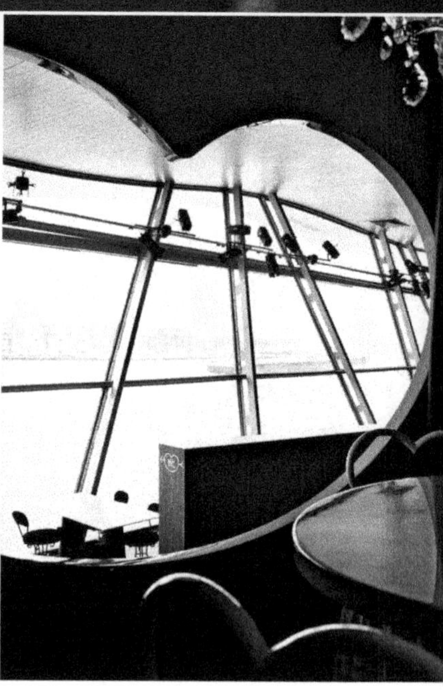

Marcel Wanders, Blits restaurant, Rotterdam, 2005. Foto: Inga Polliweit

Alcune indicazioni generali per la progettazione del ristorante[10] sono illustrate nella tabella 2.

Tabella 2 - suggerimenti per progettazione di ristoranti

Tipo di ristorante	A carattere etnico o a tema (tradizionale, sushi, pizzeria, vegetariano, ecc.)
Showkitchen	Preparazione dei cibi visibile dalla sala ristorante, particolarmente spettacolare per alcuni tipi di cucina (es. giapponese, cucina con forno a legna, ecc.)
Esposizione vivande	Un bancone per l'esposizione del cibo (ad es. pesce, specialità culinarie, vini, dessert, ecc.) posizionato all'ingresso o al centro della sala, con sistemazioni scenografiche, può essere usato come elemento decorativo.
Buffet	Il bancone per l'esposizione dei cibi può essere usato per il self-service.
Servizio ai tavoli	Dei carrelli di servizio possono essere accostati a ciascun tavolo per la presentazione delle pietanze (antipasti, dessert, liquori) o la preparazione di specifici piatti (pesce, carni, ecc.)
Take-away	Alcuni ristoranti di fascia media ed economica in città, specialmente nei distretti turistici e commerciali, possono prevedere anche un servizio di take-away per pizza, panini, sushi, gelati, o altre pietanze particolari.

Tabella 3 – requisiti dimensionali per il progetto di ristoranti (superficie approssimativa in mq richiesta per coperto)

Tipo di esercizio	casual	formale
Ristorante standard	1.50	1.70
À la carte - livello medio	1.70	1.85
Gourmet con chef di alto livello	-	2.30
Etnico (giapponese, messicano, ecc)	1.85	2.30
Gelateria/fast food	1.10	-
Pub	1.40	-

○ *Il ristorante standard*

In sintesi, il progetto della sala di un ristorante standard di fascia media dovrà prevedere una serie di spazi e di postazioni secondo le seguenti indicazioni fondamentali:

○ Cassa/reception all'ingresso: prevedere una postazione da cui si possa controllare l'accesso a ogni sezione del ristorante e controllare visivamente i movimenti dei clienti. Il guardaroba deve essere sempre facilmente visibile e sotto controllo. Il posto migliore per la postazione con la cassa, dove si prendono le prenotazioni, si accoglie la clientela e si prepara il conto è la parte anteriore del ristorante, vicino alla porta.

○ Sezioni separate: dividere la sala del ristorante in due o più sezioni in modo che le parti non utilizzate possano essere chiuse durante i periodi di bassa affluenza.

○ Sistemazione dei tavoli flessibile: prevedere un numero pari di tavolini da accoppiare a due a due, e di tavoli componibili (tavoli quadrati che possono essere trasformati in tavoli circolari più ampi con l'aggiunta di componenti, in occasione di ricevimenti con numerosi ospiti).

○ Posti al bancone del bar: Se è previsto un bancone bar all'interno del ristorante, posizionare almeno il 10% del totale dei coperti lungo il bancone per i clienti soli. È consigliabile collocare il bar vicino all'ingresso, in modo che possa essere utilizzato dai clienti in attesa di altri commensali o da chi attende che un tavolo si liberi.

○ Aree buffet/esposizione di cibi: in alcuni tipi di ristoranti si può prevedere un'apposita area con tavolo per il buffet o per l'esposizione di cibi e vini.

○ Postazioni di servizio: Nei ristoranti di grande dimensione, ogni 80 coperti si dovrebbe prevedere una postazione collocata in posizione adeguata nella sala munita di lavabo e punto di erogazione acqua, macchina del caffè, scompartimenti per la biancheria da tavolo, per le posate e per i piatti sporchi.

○ Luce regolabile: predisporre illuminazione regolabile tramite dimmer, per cambiare l'atmosfera luminosa tra pranzo e cena o a seconda delle necessità.

○ Sottofondo musicale: prevedere un sottofondo musicale adeguato al mood del ristorante.

○ Uniformi, mice en place dei tavoli, grafica e segnaletica: definire tutti gli accessori necessari al completamento dell'identità visiva del ristorante.

Per quanto riguarda le sedute della sala, queste devono essere scelte in base al target di clientela, al tipo di servizio e al comfort che si vuole garantire. Una soluzione capace di ridurre l'ingombro e lasciare maggiore spazio di circolazione intorno al tavolo è quella di utilizzare sedute fisse con schienali alti che fungono da separé, ma questo tipo di sistemazioni sono utilizzate soprattutto nei ristoranti più economici e nei fast food e non sempre sono apprezzate dai clienti. Anche i tavoli di dimensioni maggiori, come quelli per sei persone, risultano occupare meno spazio a parità di coperti di quelli per due persone, che hanno bisogno di essere leggermente distanziati per ottenere un livello sufficiente di privacy. In alcuni contesti, ad esempio quando vi siano tavoli all'esterno (sul marciapiede, come nei caffé-bistrot parigini), è preferibile utilizzare tavolini rotondi, che sembrano sempre ordinati, anziché utilizzare tavoli quadrati che necessitano di essere costantemente allineati.

Considerando l'incidenza delle caratteristiche peculiari e qualitative di ciascun ristorante, il dimensionamento del programma spaziale richiede, in linea di massima, una superficie di circa 1,40-1,85m^2 per persona in un ristorante di fascia media, o più di 2,3m^2 per le sistemazioni più formali dei ristoranti di lusso.

Nei ristoranti standard bisogna tenere conto anche delle esigenze legate alla presenza di famiglie con bambini e degli anziani. I livelli luminosi saranno più alti di quelli di un ristorante di fascia alta ed il layout della sala sarà semplice ed improntato alla massima accessibilità e funzionalità. Potranno essere previste delle aree con sedute dimensionate per accogliere bambini, anche in gruppi, senza sacrificare troppo i posti riservati agli adulti. I bagni, in particolare, dovranno essere attrezzati con area e bancone per il cambio dei pannolini e per ogni ulteriore evenienza legata alla presenza di bebè, garantendo la privacy e la massima pulizia. Queste aree saranno provviste di sedute e attrezzate con dispenser igienizzanti, lavandini a diverse altezze e pattumiere accessibili ad adulti e bambini, asciugamani elettrici e di carta o spugna, ecc. I bagni per bambini dovranno essere grandi abbastanza da accogliere anche un genitore.

I servizi igienici per il pubblico dovranno essere separati da quelli del personale, e muniti di antibagno. Dovranno essere previsti servizi per disabili (cfr. Legge n.13 del 9.1.1989 e DM n.236 del 14.6.1989 e succ.) e, in generale, si dovrebbero adottare scelte progettuali che

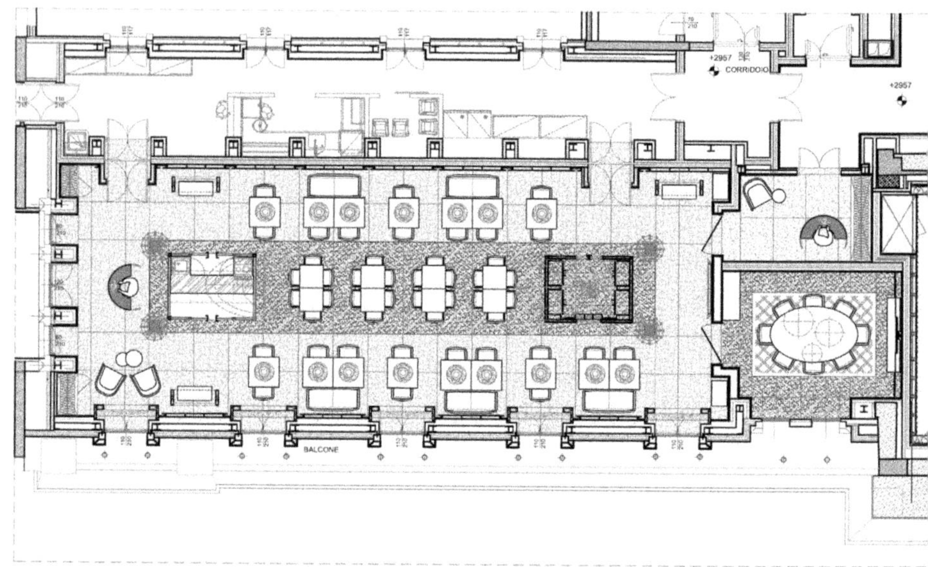

Marco Piva, pianta del ristorante dell'hotel Gallia, Milano, 2014

garantiscano l'accessibilità di almeno parte della sala ai portatori di disabilità, prevedendo alcuni posti con spazio sufficiente per la movimentazione di una sedia a rotelle.

La sala ristorante dovrà essere sgombra da ostacoli che nascondino la visuale ai genitori che potranno così tenere sotto controllo i bambini (in particolare, ingresso e uscita dei bagni devono essere ben visibili).

Nei ristoranti in cui è prevista un'elevata presenza di bambini, è necessario porre maggiore attenzione all'acustica. Sarà necessario utilizzare materiali fonoassorbenti, come legno e tessuti, evitando superfici riflettenti o ambienti troppo grandi e spogli capaci di creare fastidiosi effetti eco.

o *Il ristorante di lusso*

Nei ristoranti di fascia alta valgono le stesse indicazioni generali di progetto già elencate per i ristoranti standard. Oltre a queste, sarà necessario predisporre ulteriori accorgimenti che si rifletteranno in un allestimento più elegante e sontuoso della sala. L'aspetto fondamentale nella caratterizzazione del mood del ristorante di lusso, però, sarà la qualità del servizio. Il maître e soprattutto i camerieri dovranno essere, in numero adeguato ad ogni tavolo, sempre presenti e disponibili a soddisfare ogni esigenza dei clienti. A seconda della località, i ristoranti gourmet o quelli che cucinano particolarità gastronomiche possono essere aperti solo per cena, talvolta offrendo anche menù degustazione a prezzo fisso per il brunch in particolari giorni della settimana. Il mood di un ristorante può riflettere un tema ispirato al tipo di cibo e di servizio. L'uso decorativo dei materiali, il design degli arredi, la disposizione di piante, manufatti artigianali e opere d'arte concorreranno a consolidare ulteriormente lo specifico tema scelto. Gli obiettivi di progetto, personalizzati in base alla fascia di mercato e allo specifico concept culinario, includeranno i seguenti punti:

o *Sequenza di entrata:* prevedere uno spazio-foyer che rifletta il mood del ristorante. È preferibile schermare la vista della sala dall'ingresso, per garantire una maggiore privacy alla clientela.

o *Maître:* figura generalmente assente nei ristoranti di fascia più bassa e sempre presente nei ristoranti *gourmet* all'interno di hotel, si dovrà prevedere una postazione vicino all'ingresso dalla quale possa accogliere gli ospiti all'ingresso del ristorante

o *Guardaroba.* È necessario prevedere un servizio di guardaroba, preferibilmente collocato in prossimità dell'ingresso vicino alla postazione del maître.

o *Punti focali:* organizzare i posti a sedere in modo da usufruire della vista di alcuni punti capaci di focalizzare l'interesse, che possono trovarsi all'interno della sala ristorante (area bar, bancone per l'esposizione di cibi e vivande, pianoforte, fontana, opere d'arte o altro) o all'esterno (panorama, ecc.)

o *Disposizione tavoli:* prevedere una chiara delimitazione delle aree occupate dai tavoli, separandole chiaramente dai passaggi del personale, dalle aree di servizio, dal buffet e dalle sale d'attesa. Ogni tavolo dovrebbe essere sufficientemente distanziato dagli altri, per una maggiore privacy.

○ Sezioni separate: prevedere la possibilità di partizioni o differenze di livello capaci di separare virtualmente gli ambienti creando aree semi-private o alcove con atmosfere più intime. Per garantire maggiore privacy per cenette tête à tête in occasione di eventi speciali (anniversari, ecc.) alcuni architetti hanno inventato delle soluzioni insolite, come la Love Room sopraelevata del ristorante Blits di Marcel Wanders a Rotterdam.
○ Vista dai tavoli: in contraddizione col punto precedente, nei ristoranti frequentati dal jet-set può essere interessante posizionare specchi lungo le pareti e disporre i tavoli in modo da consentire il gioco voyeuristico del *people watching*.
○ Esposizione del cibo: sistemare il banco con l'esposizione dei cibi e delle pietanze in prossimità dell'ingresso o al centro della sala.
○ Showkitchen: a seconda del tipo di esercizio, si può prevedere la collocazione della cucina in un'area aperta e visibile dalla sala ristorante, in modo che gli ospiti possano assistere alla preparazione delle pietanze. Questa scelta può essere particolarmente spettacolare nel caso di cottura con forno a legna o di preparazione di cibo giapponese.
○ Entertainment: può essere prevista una pedana per concerti o spettacoli, attorno alla quale disporre tutti i tavoli in modo da avere una vista diretta su di essa.
○ Postazioni di servizio: realizzare postazioni di servizio nascoste alla vista, con o senza lavabo, in modo da migliorare l'efficienza del servizio.
○ Bar: considerare un eventuale servizio per la fornitura di cocktail e drink prevedendo un'apposita area bar con bancone all'interno del ristorante, oppure prevedere la preparazione dei cocktail e degli altri servizi specifici del bar direttamente all'interno della cucina.
○ Luci d'atmosfera: progettare un'illuminazione modulabile in modo da creare un'atmosfera più intima a cena, consentire maggiore illuminazione a pranzo e per le pulizie.
○ Nuove tecnologie: Un altro aspetto da prendere in considerazione riguarda l'utilizzo dei nuovi dispositivi tecnologici per il miglioramento dell'esperienza del cliente all'interno del ristorante. In alcuni ristoranti di fascia alta il tradizionale menù è stato sostituito con una versione digitale consultabile su un iPad che il cameriere porge al cliente. Grazie al tablet, i clienti possono scegliere i piatti dopo aver

visionato le loro immagini, consultato le informazioni relative alla loro preparazione o ad eventuali allergie a particolari ingredienti, prendendo le loro decisioni in modo più consapevole. Un ristorante all'avanguardia in questo campo è il già citato Inamo di Londra, dove i tavoli sono direttamente trasformati in touch-screen.

○ Tavolo dello chef. In alcuni ristoranti gestiti da chef stellati vi può essere un tavolo collocato direttamente all'interno della cucina, per pochi ospiti d'eccezione che assaggeranno le creazioni gastronomiche servite direttamente dallo chef. Nato nei ristoranti più famosi degli Stati Uniti, lo chef's table è un'abitudine che si sta diffondendo anche in Europa.

○ Uniformi, tavoli, grafica e segnaletica: tutti gli accessori necessari al completamento e alla caratterizzazione dell'esperienza dovranno far parte di un progetto unitario di immagine coordinata.

Rispetto a quest'ultimo punto, in certi casi, per conferire una forte identità al locale, può essere necessario rivolgersi ad un noto stilista per disegnare le uniformi del personale. Rocco Princi, per i suoi nuovi locali di Londra e Milano, progettati da un designer d'eccezione come Antonio Citterio, ha fatto disegnare le uniformi dei camerieri addirittura a Giorgio Armani, per infondere un tocco di classe e di italianità all'atmosfera generale.

Riguardo all'altezza di tavoli e sedie nei ristoranti di lusso, i fratelli *Costes* nei loro esercizi prediligono l'altezza piuttosto bassa di 65cm per i tavoli e 42cm per le sedie, in modo da assicurare maggiore comodità e relax alla clientela[11]. Queste dimensioni possono essere utilizzate anche in ristoranti non di lusso, purché compatibili con il potenziale target di riferimento.

○ *Il ristorante trendy*

Il ristorante trendy è solitamente aperto fino a tarda notte e frequentato da una clientela modaiola. In certi casi può essere (ma non necessariamente) anche un ristorante di fascia alta capace di offrire una gastronomia di buon livello, ma presenta finalità e caratteristiche specifiche che ne rendono la progettazione diversa dagli altri ristoranti.

Il "mood" del locale solitamente è enfatizzato al massimo con un interior design curatissimo e spesso all'avanguardia, in modo da definire in maniera netta l'identità del locale. Le tendenze modaiole sono le più svariate e, di norma, nelle grandi città convivono più gruppi appartenenti a diverse "etnie" culturali della vita notturna (Hipsters, neo-yuppies, ecc.), ciascuna con preferenze specifiche e stili di abbigliamento che si riflettono nel design del locale.

Questo tipo di ristorante-bar di solito presenta un maggiore grado di privacy rispetto ai ristoranti standard. Mentre in questi ultimi la sala del ristorante è generalmente visibile dall'esterno attraverso grandi vetrate, nel locale trendy la vista è spesso schermata (a volte con l'uso di vetrate satinate) se non deliberatamente nascosta. Oltrepassata la soglia d'ingresso solitamente non si accede direttamente alla sala, la cui vista è comunque filtrata da quinte architettoniche, ma a uno spazio riservato all'accoglienza, la reception, dove si prendono le prenotazioni e dove si viene accolti dal maître o dalla hostess delegata all'accoglienza della clientela. Nelle immediate vicinanze sarà previsto anche uno spazio riservato al guardaroba. Sempre in prossimità della porta d'ingresso sarà disposta la zona per la cassa, dove è necessario prevedere arredi con le attrezzature necessarie (stampante, POS, ecc.).

In questi ristoranti un aspetto fondamentale che concorre a definire l'atmosfera del locale è costituito dall'atmosfera musicale. Nella storia recente molti di questi locali, basti citare –per tutti- il Buddha Bar o i ristoranti dei fratelli Costes a Parigi, sono diventati famosi anche per il loro *mood* musicale, tanto da pubblicare ogni anno CD con le raccolte dei brani di musica *chill out* suonata nel locale. Di conseguenza, in questo tipo di esercizi bisogna considerare con particolare attenzione la questione dell'isolamento acustico. Nelle ore serali e notturne, infatti, anche livelli di rumore che di giorno sono accettabili possono risultare fastidiosi, disturbando il vicinato. L'uso di rivestimenti isolanti e di materiali

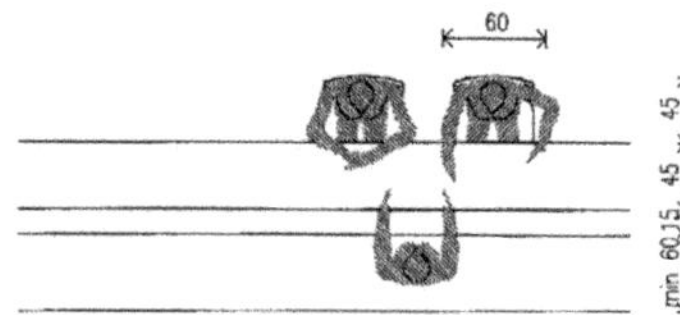

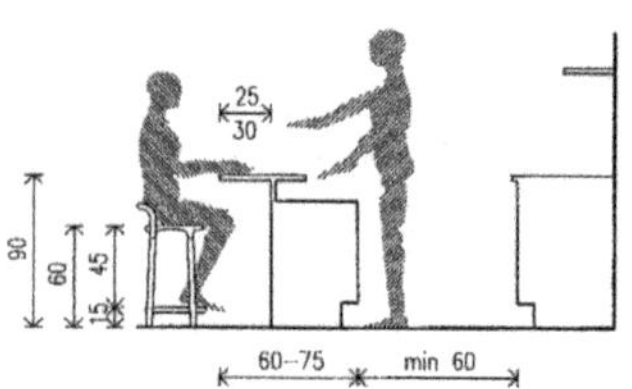

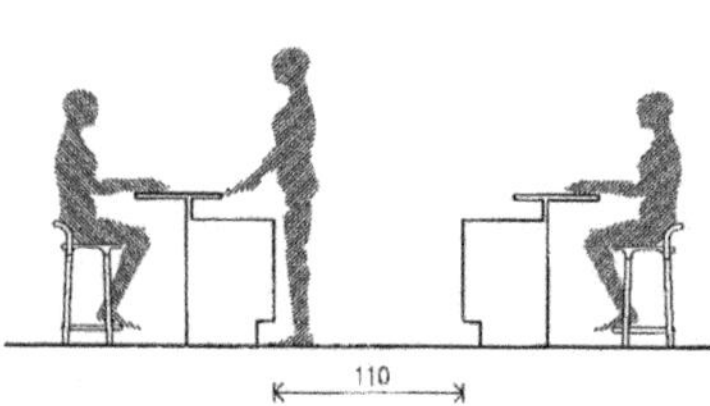

Caratteristiche dimensionali degli arredi (da: AA.VV., «L'Edilizia turistica ed alberghiera», Hoepli, 2011).

Ristorante Finger's Garden, Milano, 2011

fonoassorbenti aiuterà a smorzare i livelli di rumore, ma anche elementi del *décor* degli interni, come l'uso di moquette o di tendaggi arricciati alle pareti (largamente usati da Philippe Starck nei suoi ristoranti), possono contribuire in maniera determinante all'assorbimento dei rumori.

L'illuminazione della sala ristorante dovrà essere bassa e prevalentemente indiretta. Sorgenti luminose nascoste illumineranno gli ambienti di luce soffusa senza creare fastidiosi riflessi o picchi di luce diretta sui clienti. E' bene prevedere luci dimmerabili, per ottenere diverse modalità di ambiente luminoso a seconda delle esigenze. Sempre Starck, in alcuni suoi ristoranti glamour, ha coraggiosamente illuminato intere sale esclusivamente con candelabri. In particolare, sarà necessario illuminare in maniera ottimale i percorsi dei camerieri dalle cucine alla sala, se necessario anche attraverso l'uso di luci basse segnapasso, evitando gradini o differenze di livello che potrebbero provocare incidenti.

Maurizio Lai, Ristorante Taiyo, Milano

Se il ristorante possiede un giardino interno o una terrazza esterna sulla strada, bisognerà prevedere un sistema adeguato d'illuminazione e di riscaldamento mobile di tipo a fungo.

In questo genere di ristoranti, dove si consuma una quantità elevata di alcolici, vi è anche una maggiore presenza di clienti fumatori.

In Italia, la legge Sirchia (L. 16 gennaio 2003 n. 3) ha stabilito il divieto di fumare in tutti i luoghi pubblici al chiuso, tra cui anche i ristoranti, a meno che non vengano previste apposite sale fumatori soggette a rigide prescrizioni. Tali aree, di superfice adeguata, dovranno essere distinte e separate dalla sala principale tramite porte vetrate scorrevoli a chiusura automatica dotate un impianto di aspirazione e depurazione dell'aria. La pressione atmosferica di queste sale dovrà essere controllata e inferiore a quella delle sale adiacenti destinate ai non fumatori. A causa dei costi e della difficoltà di adeguamento dei locali, in Italia solo un numero irrisorio di gestori ha realizzato nei propri ristoranti una sala fumatori (va ricordato anche che in base a una sentenza del TAR del Lazio del 1 agosto 2005 non sono più previste sanzioni per il gestore in caso di violazione della norma da parte dei clienti).

La legge non è chiara per quanto riguarda i ristoranti che hanno tavolini all'aperto, e si presta a diverse interpretazioni, a seconda della dimensione e della configurazione del *dehor*[12]. Va considerato, tuttavia, che i ristoranti possono essere frequentati anche da turisti provenienti da paesi in cui il fumo è ancora consentito nei locali pubblici, e il divieto di fumare nel ristorante potrebbe costituire per loro un deterrente capace di dirottarli verso altri locali in cui ciò è consentito.

1. Vedi: *Ristoranti*, in AA.VV., «L'Edilizia turistica ed alberghiera», Quaderni del manuale di progettazione architettonica, Hoepli, Milano, 2011, p.154

2. Per ulteriori approfondimenti sulle varie tipologie di ristoranti, vedi: P. Carbonara, *Alberghi e ristoranti*, in «Architettura Pratica», Vol. II, sez. 3. UTET, 1986 e della stessa serie anche *Aggiornamenti*, Volume I, 1989

3. Cfr: «AMC – Le Moniteur Architecture», N. 106, aprile 2000, p.90.

4. Per ulteriori approfondimenti sulla progettazione di ristoranti all'interno di alberghi, vedi: T. Aglieri Rinella, *Hotel Design – fondamenti di progettazione alberghiera*, Marsilio, Venezia, 2011, pp.161—188 e pp. 230-237.

5. *Entretien avec Jean Louis Costes*, in «AMC – Le Moniteur Architecture», N. 106, aprile 2000, p.89.

6. Vedi anche: S.L. Fullen, *Restaurant Design: designing, costructing, and renovating a food service establishemnt,* Atlantic Publishing Group, 2003

7. Per gli aspetti relativi al project management per la realizzazione di un ristorante, vedi: J. B. Katz, *Restaurant Planning, Design and Construction*, John Wiley & sons, 1997

8. Citiamo come esempio la collaborazione tra Mendini e Schönhuber Franchi.

9. Cfr. Claudia Scandura, *Della Casa. Un progetto di buone maniere*, collana ProTesi, Urban Apnea Edizioni, Palermo, 2014, www.110elab.com

10. cfr. T. Aglieri Rinella, op. cit.

11. *Entretien avec Jean Louis Costes*, op. cit.

12. Cfr. Legge 16 gennaio 2003 n. 3. Consultare anche i regolamenti e le ordinanze comunali in vigore nelle località in cui si opera.

Cucina del Park Hotel di Arezzo (F.lli Pratesi)

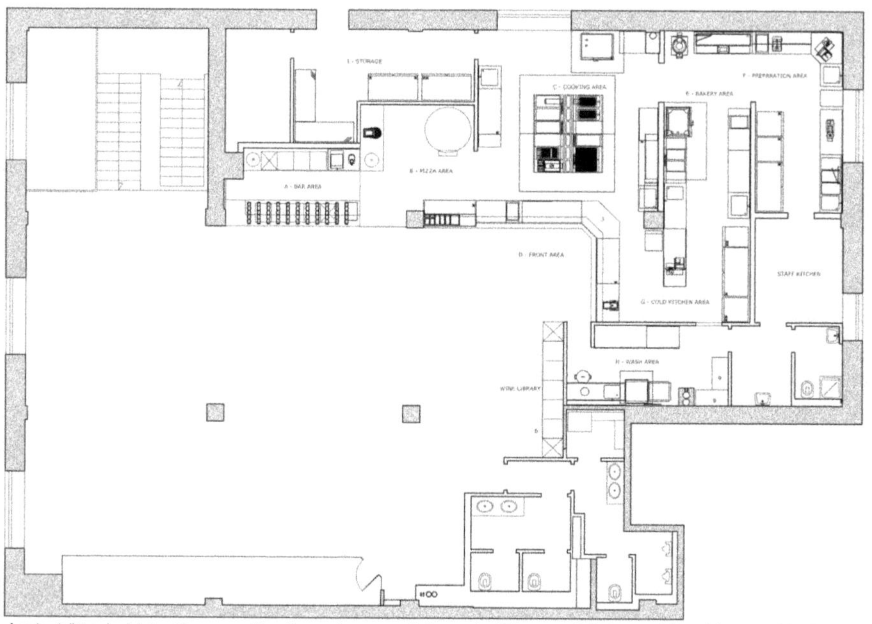

Arch. Vittorio Valenti, progetto di cucina per ristorante Cibus ad Astana, Kazakistan, 2013

Un aspetto fondamentale nel progetto del ristorante è il *back of the house*, ovvero l'insieme degli ambienti funzionali essenziali al corretto svolgimento dell'attività di ristorazione, che (normalmente) non sono visibili e accessibili al pubblico. Tra questi, le cucine sono quelle che necessitano di maggiori attenzioni.

La quantità di spazio necessario alla cucina e alle aree per il deposito e la conservazione del food & beverage dipende dal numero di pasti serviti, dal livello di complessità del menù e dall'orario di apertura.

Le normative e i regolamenti che stabiliscono i requisiti obbligatori per la loro progettazione, possono variare da località a località, in base ai regolamenti comunali.

Saranno affrontate questioni normative e progettuali diverse a seconda che si tratti di una ristrutturazione o di un ristorante realizzato in un nuovo edificio costruito ex-novo appositamente per l'uso.

Quando si deve ristrutturare uno spazio esistente per adibirlo a cucina, per evitare sorprese negative (Es. locali che non che non possiedono i requisiti minimi per l'idoneità) è bene controllare accuratamente i regolamenti in materia e verificare con l'Ufficio Tecnico competente del Comune l'adeguatezza degli spazi da adibire all'uso. Altre considerazioni di grande rilievo riguardano l'integrazione delle reti impiantistiche con il layout della cucina. Un fattore molto più importante, inoltre, è costituito dal fatto che una progettazione razionale della cucina e delle aree connesse influenza in maniera determinante il costo del lavoro durante il funzionamento ordinario dell'esercizio. Il progettista dovrà organizzare le cucine in modo che tutte le attività legate al cibo siano collocate vicine, le distanze tra la cucina e le varie sale del ristorante siano le più brevi possibili, ed i singoli layout siano flessibili in modo da poter essere modificabili in futuro. Di conseguenza, gli aspetti concernenti la progettazione delle cucine richiedono spesso l'attenzione coordinata di una moltitudine di consulenti e specialisti[1].

La cucina professionale a volte è erroneamente identificata con la sola area cottura. In realtà, è più corretto parlare di un "sistema" di produzione del pasto che va dall'arrivo delle derrate, fino alla distribuzione del pasto caldo/freddo.

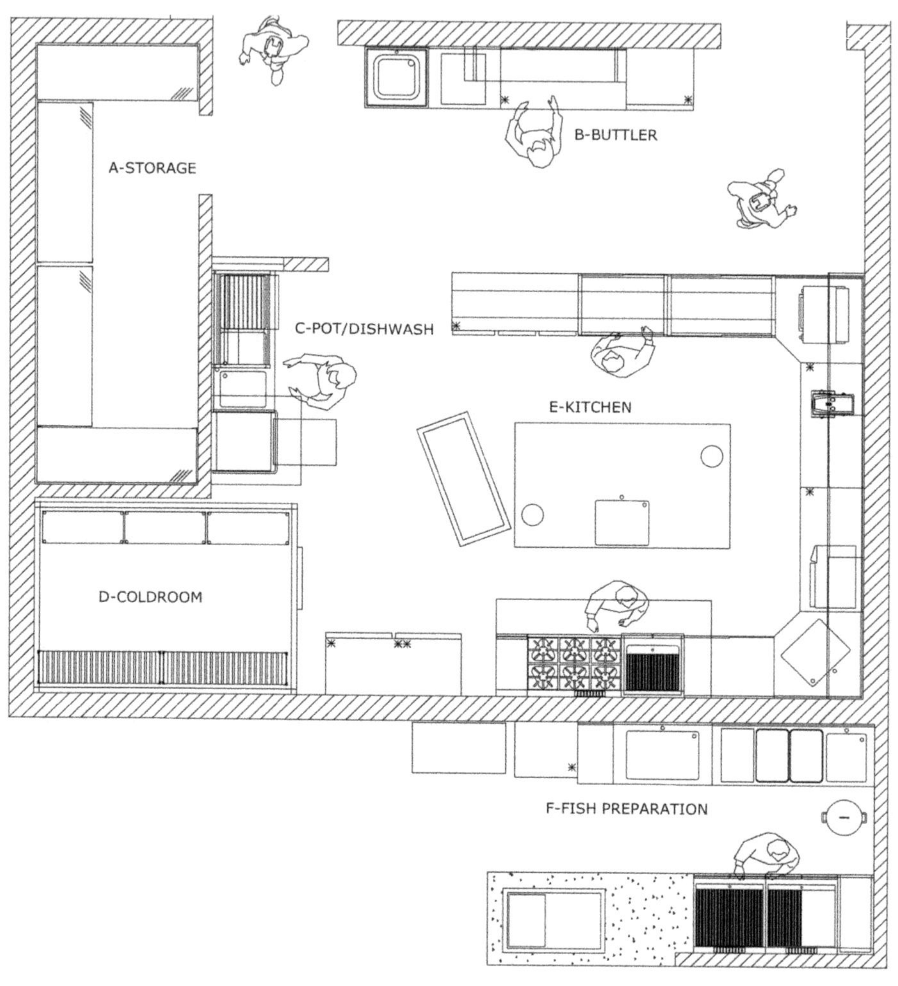

Arch. Vittorio Valenti, progetto di cucina per villa a Mustique, Isole Grenadine (Caraibi), 2013

o *Il "sistema cucina"*

Oltre gli spazi per il consumo del cibo ed locali di servizio annessi, in un ristorante[2] troviamo generalmente i seguenti macro-nuclei funzionali nel *back of the house*:

- o spazio di deposito e area di carico/scarico
- o spazio di preparazione dei cibi dotato di zona di servizio
- o spazio per il lavaggio delle stoviglie
- o locali per spogliatoi e servizi igienici del personale
- o locale impianti

Il flusso dei percorsi nel sistema cucina[3] si svolge seguendo le varie aree funzionali, che possono interagire tra loro in più di un modo. È utile ricordare che cucina è a tutti gli effetti un luogo di lavoro, e come tale deve rispettare le regole di salute e sicurezza sul posto di lavoro (ex 626/94, 81/08, e succ. - Testo Unico in materia di sicurezza sul lavoro). Vi sono una serie di regole generali che riguardano l'organizzazione e l'articolazione delle diverse aree:

o *Spazio di deposito e area di carico e scarico*

I depositi devono essere muniti di un accesso veicolare agevole e facilmente controllabile, adatto sia all'approvvigionamento dei materiali sia all'eliminazione dei rifiuti. Dovrà essere prevista un'area per la sosta dei veicoli di ampiezza sufficiente.

In base alla dimensione della cucina, potrà essere opportuno lasciare un'area destinata allo stoccaggio di pallet, o di altro materiale per la manutenzione e la pulizia. Gli spazi destinati alla ricezione dei prodotti alimentari ed alla raccolta dei rifiuti, condivideranno la stessa area di carico/scarico, ma necessitano di una netta separazione tra le due funzioni. In quest'area dovrebbero essere evitatele differenze di livello. Le normative di sicurezza prevedono che tutte le porte siano ampie e dotate di ante apribili verso l'esterno. In prossimità dell'entrata va predisposta una bascula ed un piano di appoggio per il controllo delle merci prima dell'accettazione. Nelle vicinanze dovrà essere predisposto uno spazio-ufficio per il gestore.

Il dimensionamento del deposito dipende dal tipo di esercizio e dalla varietà del menù proposto. Cibi freschi richiedono forniture giornaliere, e spazi di deposito minori, i cibi refrigerati sono consegnati ogni 3-4 giorni e quelli surgelati o congelati una volta al mese o più raramente. Lo stoccaggio di grandi volumi di materie prime presenta un alto costo di esercizio (per il consumo delle celle frigorifere, il controllo delle scadenze, ecc.) pertanto, si tende a ridurre il più possibile la dimensione di questi spazi. La movimentazione delle merci è ottenuta tramite carrelli, e pertanto i percorsi dovranno essere dimensionati ed articolati in funzione del loro passaggio.

Le superfici delle pareti e dei pavimenti del locale deposito devono essere facili da pulire. In particolare, le pareti perimetrali devono essere rivestite in piastrelle di ceramica o altro materiale analogo. Anche il soffitto deve essere progettato in modo da non favorire l'accumulazione della polvere o l'infiltrazione di insetti.

Il deposito sarà attrezzato con scaffalature con ripiani mobili, facilmente pulibili. La profondità dei ripiani varia in funzione della dimensione delle confezioni e dei materiali da contenere, ed in generale si aggira tra i 50 e i 70 cm. Per questioni igieniche, il ripiano più basso deve essere posizionato a non meno di 20cm da terra.

Nel rispetto delle norme sanitarie, questi spazi devono essere areati e protetti da roditori e insetti, dalle alte temperature e dall'umidità. La disposizione in zone separate consente di organizzare meglio la conservazione dei diversi tipi di alimenti. Nella zona deposito, un nucleo funzionale importante è costituito dalle celle frigorifere, destinate alla conservazione della carne e del pesce, dei cibi surgelati e congelati e di tutti quegli alimenti che necessitano di basse temperature. Nello specifico, vanno previsti dei depositi refrigerati separati a seconda del tipo di materiale da stoccare e della necessaria temperatura di conservazione per carni rosse e cani bianche, pesce, verdure, salumi, latticini e un'area congelati con eventuale anticella. La cella frigorifera può essere sostituita da frigoriferi professionali, preferibilmente muniti di registratore di temperatura Haccp.

Temperature più basse sono richieste per i surgelati e i congelati. Di norma, per evitare deterioramenti, ogni cella frigorifera dovrebbe essere preceduta da un'anti-cella, mantenuta alla temperatura di 10°. L'anti-cella può essere utilizzata anche come deposito per le verdure. Per quanto riguarda lo smaltimento dei rifiuti, è necessario prevedere un locale per il deposito temporaneo della spazzatura. Anche questo locale deve essere areato e avere pareti piastrellate e superfici facili da pulire. Deve essere prevista la dotazione di acqua corrente per il lavaggio e la pulizia del locale. Al suo interno sarà prevista una zona riservata ai contenitori da restituire ed ai cibi non più idonei al consumo. Il deposito rifiuti può essere refrigerato per impedire la decomposizione e la proliferazione di insetti.

o *Spazio per la preparazione dei cibi*

Nella cucina vera e propria, come accennato, lo spazio necessario per la preparazione dei cibi dipende da un certo numero di fattori, come il tipo e la quantità di cibo da preparare e il numero di coperti (in genere ridotto nei ristoranti di lusso, e più elevato in quelli standard).

In generale, esistono tre diversi tipi di layout per questo tipo di spazi:

o il layout tradizionale per la preparazione dei cibi
o il layout parzialmente decentrato
o il layout centralizzato o centro di cottura

Il layout tradizionale include al suo interno tutte le fasi dell'attività di preparazione, dal prelevamento degli alimenti dalla zona deposito alla distribuzione. Le attrezzature presenti nella cucine sono quelle generiche idonee alla preparazione di qualsiasi tipo di menù.

Il layout parzialmente decentrato, invece, include al suo interno soltanto alcune delle fasi del ciclo produttivo, contenendo la superficie necessaria e riducendo le attrezzature ed il personale previsto. Questo tipo di soluzione consente normalmente di ridurre lo spazio destinato alla preparazione dei cibi di circa il 40%. Le cucine parzialmente decentrate prevedono l'utilizzo di semilavorati provenienti dall'esterno dell'esercizio. Ad esempio, se la carne viene consegnata al ristorante già sezionata dal fornitore, non sarà necessario predisporre all'interno della cucina una specifica zona macelleria. Lo stesso avviene nel caso di utilizzo, insieme al cibo fresco, di alimenti precotti, che possono consentire di ridurre lo spazio necessario alla preparazione di piatti elaborati.

Il layout centralizzato è utilizzato solo in quei casi in cui è necessario produrre un'elevata quantità di pasti, come ad esempio nelle mense o nel catering per congressi, eventi, ecc. Al suo interno le attività sono organizzate in un ciclo produttivo altamente razionalizzato che utilizza apparecchiature ad elevata capacità. Questo tipo di sistema risulta economicamente conveniente soltanto quando si debbano produrre almeno 500 pasti al giorno. Talvolta le cucine centralizzate prevedono solo alcune fasi del processo di preparazione e precottura dei cibi, in quanto questi sono destinati ad altri esercizi nei quali la preparazione sarà ultimata e le pietanze consumate. In questi casi i cibi prodotti

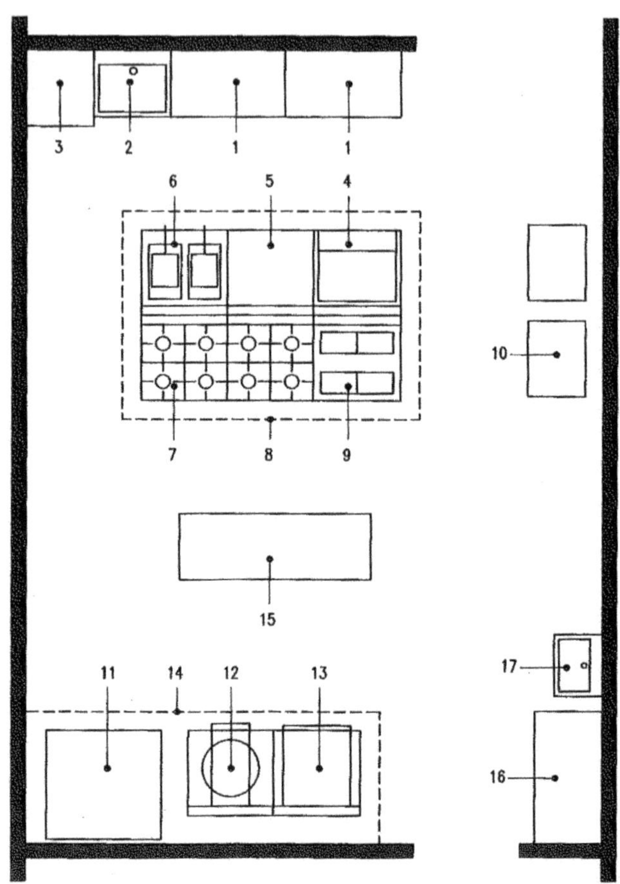

Layout per la cucina di un ristorante standard, con dimensionamento di massima delle attrezzature: 1) tavolo da lavoro 1200x700x850 mm, 2) lavello 800x700x850 mm, 3) armadio frigorifero 700x800x2000 mm, 4) fry-top, 900x900x850 mm, 5) elemento neutro 900x900x850 mm, 6) friggitrice 900x900x850 mm, 7) piano cottura 1800x900x850 mm, 8) cappa aspirante 3100x2200x500 mm, 9) cuocipasta 800x900x850 mm, 10) carrello a tre ripiani 600x800x1000 mm, 11) forno a convenzione 1200x1015x950 mm, 12) pentola a gas 900x900x850 mm, 13) brasiera 900x900x850 mm, 14) cappa aspirante 3700x1400x500 mm, 15) tavolo da lavoro 2000x700x850 mm, 16) armadio neutro 1400x700x1650 mm, 17) lavamani 480x460x960 mm. NB. Le dimensioni effettive vanno verificate con i fornitori. (da: AA.VV., «L'Edilizia turistica ed alberghiera», Hoepli, 2011).

vengono trasportati secondo due distinte procedure, in legame caldo o refrigerato, a seconda se le pietanze debbano essere consumate in giornata oppure conservate per periodi più o meno lunghi.

Tornando ai criteri distributivi generali, la zona di preparazione deve essere direttamente collegata con il deposito delle derrate e quello dei rifiuti, oltre che con gli spazi di servizio del personale.

Il dimensionamento della cucina dipende dal numero dei pasti da servire (TAB. 1).

TABELLA 1 – *Dimensionamento dello spazio per la preparazione dei cibi in funzione del numero di pasti da servire:*

Numero pasti	100	200	400	600	800	1000
Cucina tradizionale mq/pasto	0,85	0,58	0,42	0,35	0,31	0,28
Cucina di preparazione finale mq/pasto	0,58	0,40	0,27	0,23	0,31	0,18

Di norma, le attrezzature occupano circa il 30% della superficie totale, il 10% è destinato a piani di lavoro e il 60% alla movimentazione del personale addetto.

Gli equipaggiamenti della cucina hanno dimensioni modulari, che nei paesi UE sono basate sul sistema Gastronorm. È buona norma comunque verificare sempre le dimensioni effettive delle attrezzature con i fornitori. La figura a pagina 100 mostra le misure standard per il montaggio e disposizione dei componenti, in una cucina-tipo. Tutte le tubazioni della cucina devono essere ispezionabili, per garantire una facile manutenzione.

Lo spazio di preparazione dei cibi può essere predisposto disponendo le apparecchiature perimetralmente oppure ad isola. Negli ambienti di piccole dimensioni, la disposizione più efficace è quella con le attrezzature disposte lungo le pareti ed il tavolo di lavoro al centro. La soluzione opposta, con i tavoli di lavoro disposti perimetralmente e le attrezzature al centro è invece preferibile negli ambienti più grandi. Questa soluzione consente una pulizia più rapida delle attrezzature al centro della sala.

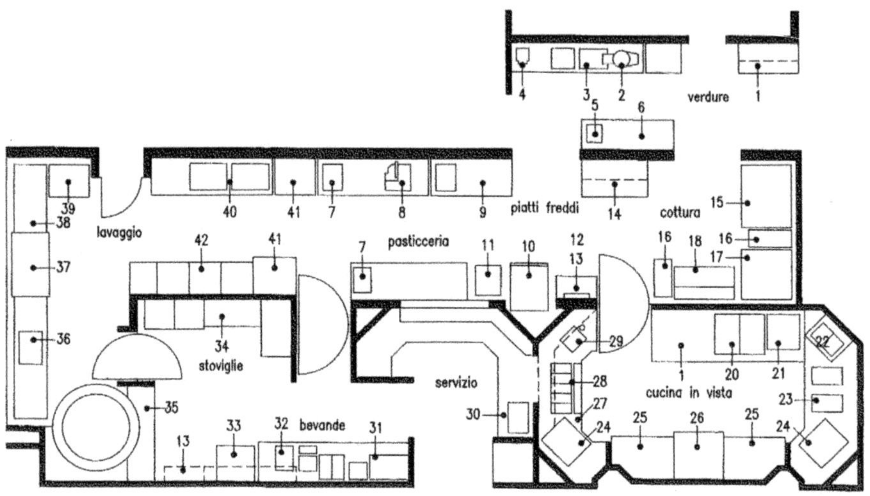

Esempio di layout per la cucina di un ristorante (da: AA.VV., «L'Edilizia turistica ed alberghiera», Hoepli, 2011).

I materiali utilizzati per la pavimentazione devono essere antiscivolo, mentre le pareti devono essere rivestite in materiale lavabile, resistente agli acidi ed agli urti e imputrescibile per un'altezza di almeno 2,20m. Gli stessi requisiti sono richiesti per le superfici e le apparecchiature di lavoro. Per facilitare la pulizia è necessario prevedere uno sguscio nell'angolo di collegamento tra parete e pavimento, perimetralmente alla sala.

Nel rispetto delle normative antincendio, in taluni casi (se nella sala adibita a cucina vengono prodotte più di 30.000Kcal/h, ovvero 35kw), può essere necessario prevedere pareti e solai di spessore adeguato, capaci di resistere al fuoco; dovranno essere previste inoltre anche aree filtro, serrande tagliafuoco e porte a tenuta di fumo.

La zona per la preparazione dei cibi è articolata in aree destinate ad attività diverse, che possono essere organizzate in ambienti completamente separati oppure all'interno dello stesso spazio, a volte suddiviso per mezzo di semplici elementi divisori, ricordando che il trasporto dei materiali da uno scompartimento all'altro avviene per mezzo di carrelli.

Una cucina di grandi dimensioni può contenere molti scompartimenti, tra cui:

- zona di preparazione delle verdure
- zona di preparazione della carne (bianca e rossa)
- zona di preparazione del pesce
- zona di preparazione piatti freddi
- zona di cottura
- *office*
- zona pasticceria / panetteria
- zona di lavaggio pentole e stoviglie

Le aree destinate alle diverse preparazioni dovrebbero essere tutte vicine alla zona rifiuti ed ai rispettivi depositi.

Nella zona di preparazione delle verdure, le attrezzature tipiche presenti sono:

- lavaverdura
- centrifuga
- pelapatate
- tagliapatate
- vasca di lavaggio
- piano di lavoro con lavello
- ripiani a griglia
- contenitori per i rifiuti
- macchina tagliaverdure
- frigo
- carrello per teglie GN

La zona di preparazione della carne e del pesce dovrebbe prevedere un collegamento diretto con le celle frigorifere, o comunque essere munita di un frigorifero dedicato collocato nelle immediate vicinanze. Quest'area è di solito bipartita tra zona macelleria e zona pesce.

La dotazione base della zona macelleria è costituita da:

- ceppo per carni
- tritacarne
- vasca di lavaggio
- carrello per teglie GN

Alcuni chef rinomati, come Adrián Herrera, utilizzano anche una piccola fiamma ossidrica per scottare le carni. In alcuni ristoranti può essere necessario prevedere anche una sega per ossi.

La dotazione base della zona del pesce richiede invece:
- o un frigorifero supplementare con vasche per il pesce
- o macchina del ghiaccio
- o vasca di lavaggio con piano inclinato
- o abbattitore

Per entrambe le lavorazioni sono necessari contenitori per i rifiuti, piano di lavoro, lavamani, sterilizzatore coltelli, e insect killer.

La zona di preparazione piatti freddi deve essere posizionata in modo da consentire un rapido accesso alle celle frigorifere ed alla dispensa.

La dotazione di base per questa zona è costituita da:
- o affettatrice
- o mixer
- o bilancia
- o piano di lavoro
- o refrigeratore supplementare

La zona cottura costituisce il nucleo fondamentale dalla cucina. Deve avere un collegamento diretto con la zona di preparazione delle carni e del pesce, e sarà collocata nelle immediate vicinanze della zona di distribuzione – il cosiddetto *office* -, a sua volta adiacente alla sala ristorante, per evitare che i piatti arrivino freddi ai tavoli. L'*office* è di norma costituito da un tavolo con ripiani e scompartimenti che separa l'area in cui si svolge l'azione dei cuochi dallo spazio di pertinenza dei camerieri che arrivano dalla sala ristorante. I camerieri lasciano i piatti e le postate sporche e vi prendono le portate appena pronte da consegnare ai tavoli. Questa zona di servizio svolge la funzione di filtro tra lo spazio destinato al pubblico e la cucina, e la sua articolazione può variare a seconda del tipo di organizzazione del lavoro. Una sua accurata articolazione può contribuire a limitare la propagazione degli odori e dei rumori.

La zona cottura sarà anche vicina all'area adibita al *Pot Washing*, destinata al lavaggio delle stoviglie.

Le attrezzature necessarie nella zona cottura possono essere numerose, in relazione al tipo di menù offerto ed ai tipi di cottura previsti. Una dotazione completa potrà prevedere: piani di cottura a gas o elettrici, friggitrici, padelle, piastre, bagno-maria, teglie, pentole ribaltabili, pentole a riscaldamento diretto o indiretto con rubinetto, cuocipasta a scolatura automatica, cuociverdure a vapore, forni a convenzione, forni a microonde, brasiere, girarrosto, bollitori, tavoli riscaldati con ripiani e cassetti e piani di lavoro vari. Per ottimizzare lo spazio e razionalizzare il lavoro in cucina, alcune attrezzature, come piani cottura, piastre, brasiere o bagno-maria possono essere montati su tavoli o tavoli armadiati.

Le cappe aspiranti dovranno essere munite di filtro antigrasso e raccoglitore perimetrale. Dovranno sporgere di almeno 40cm oltre il bordo degli apparecchi sottostanti e saranno montate a un'altezza di circa 1,90mt dal livello del pavimento.

Le cappe sono sempre necessarie in presenza di gas combusto. In teoria, secondo la normativa vigente le cucine con piastre elettriche non avrebbero bisogno di cappe, ma queste vengono sempre comunque richieste dalle ASL. Nelle zone di lavaggio, dove c'è molta produzione di vapore, vengono utilizzate le cappe condensa vapori.

Nel pavimento, è necessario predisporre griglie per la raccolta delle acque, prevedendo le opportune pendenze per facilitarne l'evacuazione ed evitare ristagni ed accumulo di sporcizia.

A seconda delle preferenze dello chef, il progettista potrà collocare le griglie di raccolta verso il centro della sala (vicino alle installazioni che ne necessitano) oppure prevederle in prossimità delle porte, per evitare di allagare gli ambienti circostanti in caso di guasti o di perdite d'acqua. In entrambi i casi, oltre alle pendenze è necessario prevedere anche la posa in opera di guaina impermeabilizzante in modo da evitare eventuali infiltrazioni nei piani inferiori.

Nei ristoranti di lusso, dove operano chef stellati, vi può essere un tavolo collocato direttamente all'interno della cucina, per pochi ospiti di riguardo che potranno assistere alla preparazione dei cibi (si tratta del cosiddetto "tavolo dello chef di cui si è fatto cenno nel capitolo precedente). Alcuni ristoranti, inoltre, prevedono che la parte finale della cottura dei cibi venga effettuata alla vista dei clienti, e di conseguenza prevedono l'organizzazione di zone cottura-satellite decentrate per la preparazione finale dei cibi, che si appoggiano alla cucina principale e che vengono posizionate all'interno della sala del ristorante.

La zona pasticceria sarà posizionata in modo da avere un collegamento diretto con le celle frigorifere e sarà sempre dotata di un ulteriore frigorifero supplementare. Le altre attrezzature principali presenti sono frullatori, bollitori, apparecchi per fare le porzioni e riempire, forno per pasticceria, camera di lievitazione, madia, impastatrice, oltre ovviamente a scaffali, piani di lavoro e contenitori per rifiuti.

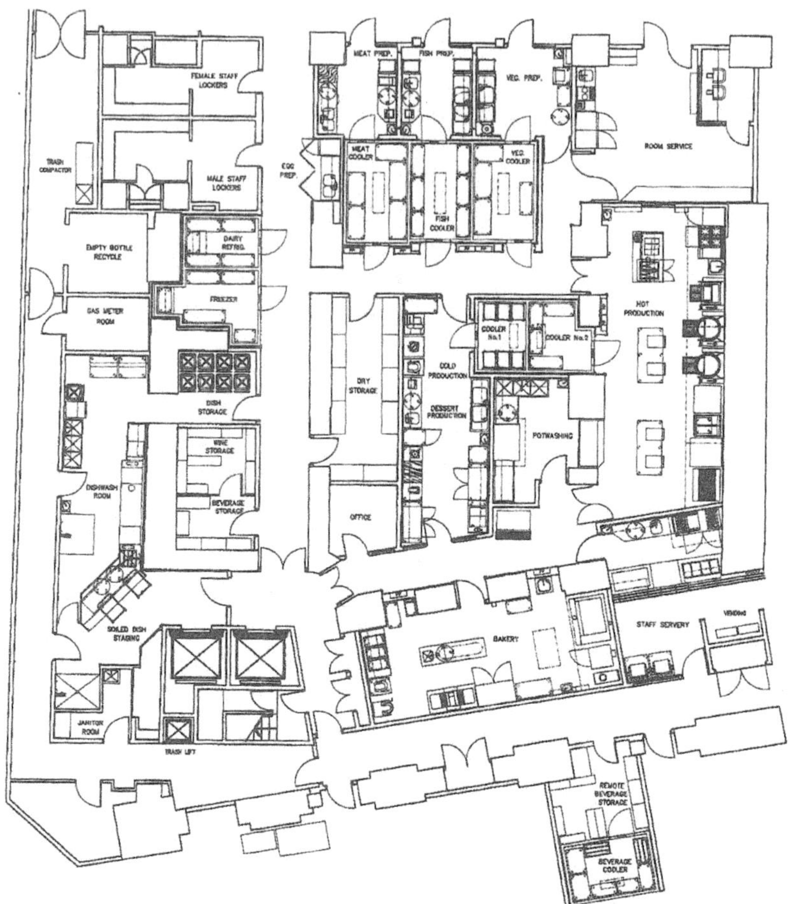

Cucina del ristorante di un grande albergo di lusso della catena Four Seasons (da: AA.VV., Hospitality facilities, management and design, American Hotel & Lodging Educational Institute, 2006)

Cucina dell'hotel Le Favaglie di Cornaredo (Pescarzoli)

La zona per il lavaggio delle pentole e quella per il lavaggio delle stoviglie prevedono equipaggiamenti diversi.

La zona di lavaggio pentole deve avere almeno un grande lavatoio per l'ammollo delle pentole ed un piano d'appoggio. In questa zona, quando non è prevista la lavapentole, sarà impiegato personale addetto alla raschiatura e pulizia manuale del pentolame.

La zona per il lavaggio delle stoviglie raccoglierà tutti i piatti, posate e bicchieri sporchi, che saranno trasportati mediante carrelli. Un criterio generale nell'organizzazione dei percorsi è quello di separare i flussi delle stoviglie sporche da quelle pulite. La dimensione di quest'ambiente varia in funzione del tipo di lavapiatti utilizzata e del numero di piatti lavato per ora. Anche questa zona avrà un tavolo sufficientemente grande per ricevere le stoviglie sporche, un lavandino per l'ammollo e la raschiatura dei piatti e un contenitore per i rifiuti. Completeranno l'equipaggiamento dei piani per accatastare le stoviglie e carrelli di sgombero.

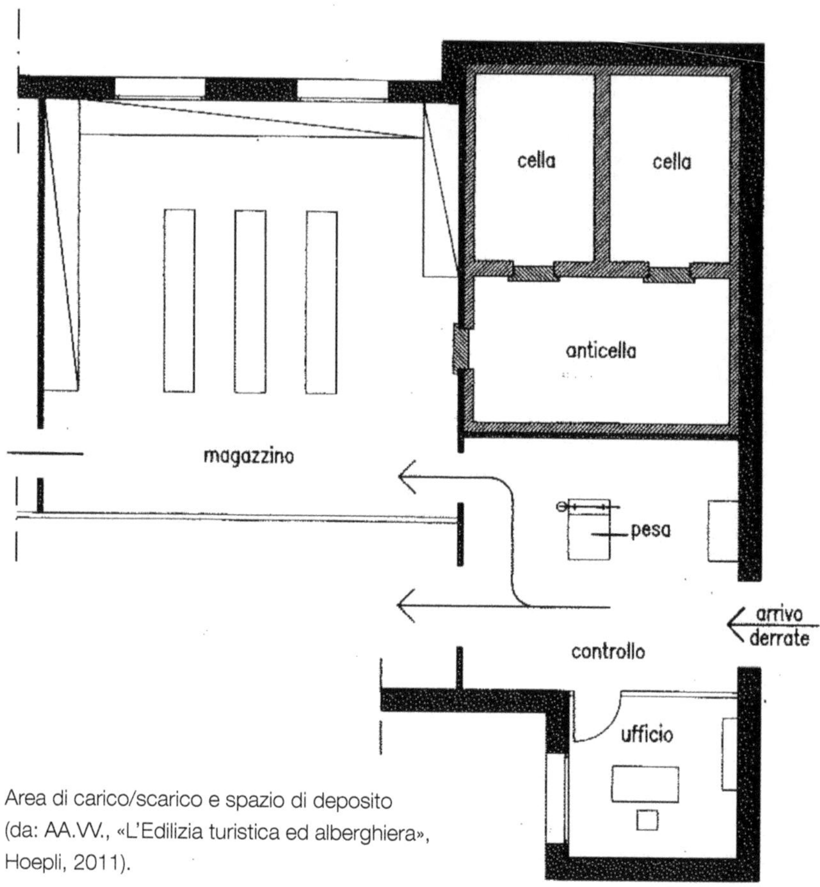

Area di carico/scarico e spazio di deposito (da: AA.VV., «L'Edilizia turistica ed alberghiera», Hoepli, 2011).

◦ *Spogliatoi e servizi igienici del personale*

È necessario collocare gli spogliatoi (suddivisi per sesso) con le docce e i bagni per il personale in una zona possibilmente contigua rispetto all'area cucina, ma mai in comunicazione diretta con l'area destinata alla preparazione dei cibi. Il dimensionamento di questi locali dovrà fare riferimento alla locale normativa d'igiene e sarà commisurato al numero del personale (DPR n.303 del 19.3.1956 e succ. Norme generali per l'igiene del lavoro. Servizi igienico-assistenziali). L'accesso ai due spogliatoi, preferibilmente, deve avvenire da un corridoio di servizio o direttamente dall'esterno, tenendo conto della necessità di controllare l'accesso del personale ai locali.

○ *Locale impianti*

Un apposito locale per impianti dovrà essere dimensionato in maniera adeguata per contenere la centrale termica, la cabina ENEL, il compressore dell'impianto di riscaldamento ed i terminali di altre reti impiantistiche che possono essere presenti nei diversi tipi di esercizi. La dimensione di quest'ambiente è spesso sottostimata durante la progettazione, con conseguenti problemi in fase di esercizio. E' necessario pertanto cercare di valutare preventivamente il numero e l'ingombro degli equipaggiamenti da installare, cercando di allocare spazio sufficiente per accogliere anche eventuali ulteriori installazioni future.

○ Dotazioni di sicurezza

Va ricordato infine che, soprattutto in certi contesti, è necessario adottare le dovute misure di sicurezza[4]. In ogni ristorante va prevista una cassaforte per depositare l'incasso della sera, collocata in uno spazio nascosto al pubblico. Un ulteriore impianto di video sorveglianza è fortemente consigliato. Le telecamere potranno essere integrate nel design degli interni, anche se è preferibile che siano ben visibili per il loro importante effetto deterrente. Le finestre e le vetrine dovranno essere munite di vetri antisfondamento, per impedire ogni tentativo di effrazione.

1. Per la revisione del presente capitolo si ringrazia l'arch. Vittorio Valenti, esperto di F & B e consulente FCSI (*Foodservice Consultancy Society International*), per il prezioso contributo tecnico.

2. Cfr. AA. VV. *L'Edilizia turistica ed alberghiera*, Quaderni del manuale di progettazione architettonica, Hoepli, Milano, 2011, p. 155.

3. Cfr. anche: Rohatsch M., Lemme F., Neumann P., Wagner F., *Professional Kitchens*, Ed. HUSS-MEDIEN GMBH, 2007

4. Cfr. Fullen S.L., *Restaurant Design: designing, costructing, and renovating a food service establishemnt,* Atlantic Publishing Group, 2003

AA.VV. *Dossier Bar et restaurants*, in «AMC – Le Moniteur Architecture», N. 106, aprile 2000

AA.VV. *Edilizia per la ristorazione* in «L'Edilizia turistica ed alberghiera», Quaderni del manuale di progettazione architettonica, Hoepli, Milano, 2011

AA.VV. *Progetto cibo. La forma del gusto*, catalogo Museo MART, Electa, 2013

AA.VV. *Scritti su Starck*, Postmedia Books, Milano, 2004

Aglieri Rinella T., *Hotel Design – fondamenti di progettazione alberghiera*, Marsilio, Venezia, 2011

Bertoni F., *Philippe Starck: l'architecture*, Éditions Mardaga, Liège, 1994

Cacciari M., *Adolf Loos e il suo angelo*, Mondadori Electa, 2002

Carbonara P., *Alberghi e ristoranti*, in «Architettura Pratica», Vol. II, sez. 3. UTET, 1986 e della stessa serie anche *Aggiornamenti*, Volume I, 1989

Crespi L., *Interni perturbanti: Philippe Starck*, in Crespi L., "Da spazio nasce spazio", Postmedia Books, Milano, 2013

Fitoussi B., *Fornasetti, conversation avec Philippe Starck,* Assouline, Parigi, 2005

Fullen S.L., *Restaurant Design: designing, costructing, and renovating a food service establishemnt,* Atlantic Publishing Group, 2003

Guixé M., *Food Designing*, Corraini Edizioni, 2010

Hildebrand C., Kenedy J., *The Geometry of Pasta*, Sperling & Kupfer 2003-2007

Katz J. B., *Restaurant Planning, Design and Construction*, John Wiley & sons, 1997

Maffei S., Parini B., *Food Mood*, Electa, 2010

Rohatsch M., Lemme F., Neumann P., Wagner F., *Professional Kitchens*, Ed. HUSS-MEDIEN GMBH, 2007

Russo D., *Il lato oscuro del design*, Lupetti, 2013

Russo D., *Schizzo fluido. Ondulazioni del design,* in «*Ágalma*, rivista di studi culturali e di estetica», N. 12 Settembre 2006

Stipanuk D. M., *Hospitality facilities, management and design*, American Hotel & Lodging Educational Institute, 2006

Vogelzang M., Schouwenberg L., *EAT more LOVE*, Bis, 2008

Food Experience
Design e architettura d'interni
di Tiziano Aglieri Rinella

postmedia books 2014
112 pp. 89 ill.
isbn 9788874901210

Finito di stampare nel mese settembre 2014
presso Ebod, Fano/Milano

Postmedia Srl
Milano

www.postmediabooks.it

www.ingramcontent.com/pod-product-compliance
Ingram Content Group UK Ltd.
Pitfield, Milton Keynes, MK11 3LW, UK
UKHW022016190726
13853UKWH00005B/1969

9 788874 901210